Bijoux de familles

Sept mères se mettent à nu
(pour le **meilleur** et pour en **rire** !)

ANNULÉ

Catalogage avant publication de Bibliothèque et Archives nationales du Québec et Bibliothèque et Archives Canada

Vedette principale au titre:

Bijoux de familles: sept mères se mettent à nu (pour le meilleur et pour en rire!)

(Collection Parent un jour, parent toujours!)

ISBN 978-2-89697-022-3

1. Mère et enfant. 2. Maternité. I. Beaupré, Julie, 1975- . II. Côté, Nathalie, 1978- . III. Collection: Collection Parent un jour, parent toujours!.

HQ759.B54 2013   306.874'3   C2013-941817-2

Nous reconnaissons l'aide financière du gouvernement du Canada par l'entremise du Fonds du livre du Canada (FLC) pour nos activités d'édition.
Nous remercions la Société de développement des entreprises culturelles du Québec (SODEC) pour son appui à notre programme de publication.

Infographie de la couverture et mise en pages: Annie Duperré
Correction d'épreuves: Michèle Blais

Éditeur: Les Éditions CARD inc.   Les Éditions CARD inc.
           Siège social et entrepôt   Bureau d'affaires
           Complexe Lebourgneuf, bur.125   407-D, rue Principale
           825, boul. Lebourgneuf   St-Sauveur des Monts (Québec)
           Québec (Québec)   J0R 1R4 Canada
           G2J 0B9 Canada   Tél.: 450 227-8668
           Tél.: 418 845-4045   Téléc.: 450 227-4240
           Téléc.: 418 845-1933   Site Web: www.editions-card.com
           Courriel: info@editions-card.com

ISBN: 978-2-89697-022-3

Dépôt légal: 4e trimestre 2013
             Bibliothèque nationale du Québec
             Bibliothèque nationale du Canada

Imprimé au Canada

Limites de responsabilité
Les auteures et l'éditeur ne revendiquent ni ne garantissent l'exactitude, le caractère applicable et approprié ou l'exhaustivité du contenu de ce programme. Ils déclinent toute responsabilité, expresse ou implicite, quelle qu'elle soit.

Collectif sous la direction de
Julie Beaupré et **Nathalie Côté**
Anik Lessard • Catherine Goldschmidt • Florence-Élyse Ouellette
Manon Lavoie • Valérie Gonthier-Gignac

Bijoux de familles

Sept mères se mettent à nu
(pour le **meilleur** et pour en **rire** !)

Préface de **Martin Larocque**

ÉDITIONS
C·A·R·D

Table des matières

Préface

de Martin Larocque

Être papa (et maman aussi, je suppose), c'est drôle.

Voilà.

Je cherche à dire ce qui n'a pas été dit, mais ça ne me vient pas. Et voilà que je lis tout ce qui s'écrit sur la paternité (et la maternité aussi, je suppose) et je constate qu'il y a un besoin irrépressible de rire. Rire de ne pas savoir. Rire de découvrir. Rire de voir son corps changer. Rire de perdre tout ce temps précieux où l'on pourrait faire l'amour. Rire de voir ses enfants découvrir que c'était brûlant le rond-du-poêle-qu'on-a-dit-mille-fois-que-c'est-chaud-et-de-ne-pas-toucher. Rire de voir sa conjointe ne pas savoir comment réagir à telle situation de crise avec un enfant hystérique. Rire de ne pas savoir comment ramasser l'enfant quand il est couché sur le terrazzo du centre d'achat snob. Rire de voir le bébé dégobiller sur la chemise de cette Tante venue d'on ne sait plus trop où et qui tente de nous rassurer que c'est pas grave; mais nous on sait qu'un tailleur Chanel qui sent le yogourt chaud c'est maudit à laver avec des lingettes non recyclables! Rire de ne pas savoir. Rire de nous, d'eux, de papa, de maman, des docteurs, des infirmières, des conseils d'ami, des amis qu'on va perdre bientôt parce qu'il y a un bébé dans nos bras. Rire.

Pourquoi rire? Rire pour ne pas pleurer. Rire pour ne pas s'avouer que parfois on ne veut plus être papa (et maman aussi, je suppose) et qu'on sait très bien que c'est impossible. Rire pour se pardonner d'avoir réagi si mal à quelque chose de finalement assez banal. Rire pour oublier qu'il est trois heures du matin et qu'on en est conscient. Rire pour guérir les blessures d'avant qui remontent avec l'arrivée de bébé. Rire pour se dire que ce n'est pas si mal. Que ça pourrait être pire. Que ça passera. Que finalement on n'est pas si pire que ça!

Comment rire? Ensemble. Rire ensemble pour ne pas être seuls. La solitude est notre ennemie à nous, papas (et mamans aussi, je suppose). Croire que ce n'est qu'à nous que cela arrive. La blogosphère offre cette chance, cette bouée, cette oasis, cette pause, ce cadeau de lire sur la maternité (et la paternité aussi, je suppose).

Mais là, pour une rare fois, je vais parler aux mères! Vous avez entre les mains cette bouée, cette oasis, cette pause tant espérée. Vous pouvez vous rassembler autour de ce livre et prendre ce précieux temps pour lire sur vous. Lire que vous n'êtes pas seule. Lire qu'effectivement ce n'est pas seulement à vous que ça arrive cette envie soudaine de toute «crisser» ça là! Lire que dans le fond vous le saviez que vous le saviez. Lire comme si quelqu'un vous tenait la main. Ou vous donnait cette tape dans le dos dont vous avez tant besoin. Lire Nathalie, Julie, Anik, Catherine, Valérie, Manon, Florence-Élyse comme des amies de longue date. Lire une lettre à Dame Nature et être d'accord. Lire que la vie est belle même dans la douleur et y croire! Lire dans le même texte: maman, créativité et passion. Lire que ce n'est pas tout le monde qui est une femme de maison même après l'accouchement.

Préface

J'ai lu avec beaucoup de plaisir. J'ai lu comme un papa qui observe des mamans. J'ai compris. Je me suis fâché. J'ai été ému. J'ai ri. Pendant un certain temps, je n'étais pas seul dans ce monde de la «parentalité». J'ai accepté que sept femmes m'offrent «leurs corps» (et leur marmaille!) le temps de cette lecture. Évidemment, y a le titre...!? Pour un papa, «bijoux de familles», je ne vois pas comment, j'veux dire que c'est plutôt... comprenez-moi bien, je pense qu'on pourrait... enfin bref. Ça restera entre papas!

Maintenant, lisez!

Vous n'êtes plus seule!

Martin Larocque
Papa

Introduction

Famille, n.f. (latin. *familia*). Cellule vivante fondamentale résultant de la rencontre intime entre deux êtres humains. Elle modifie en profondeur l'état et la manière de vivre des individus qui l'engendre. Elle entraîne des effets secondaires surprenants chez la majorité des personnes qui en sont porteuses.

Par le passé, plusieurs ouvrages se sont attardés au vécu difficile de certains patients. Il nous semblait judicieux de le remettre en contexte en examinant l'état des parents dans son ensemble. Notre hypothèse était la suivante: la famille peut aussi entraîner des bienfaits surprenants chez une majorité de personnes atteintes.

Afin de lister des effets observables et documenter les récits d'expériences, nous avons recruté sept mères cobayes aux parcours diversifiés afin d'analyser la maternité et la vie de famille sous toutes leurs coutures. Sans se faire prier, elles ont accepté de livrer leur corps (et leur marmaille!) à la science.

Julie Beaupré

Surnom:	LaMèreCalme
Enfants:	GrandeSoeur (9 ans), PetiteSoeur (6 ans) et Frérot (4 ans).
Situation familiale:	Jamais deux sans trois! Notre duo n'aurait jamais été le même sans notre trio fiesta.
Carrière:	Occupée, mais organisée. Conseillère pédagogique en intégration des nouvelles technologies.
Devise:	La vie est courte: chichis et voleurs de temps s'abstenir.
Adresse:	Cottage entouré d'un jardin à l'anglaise (mais qui, idéalement, donnerait vue sur le fleuve). Pignon sur Web au **juliebeaupre.com/jamais2sans3/**.

Nathalie Côté

Surnom:	Maman 3.0
Enfants:	Fiston 3.1 (7 ans) et Mademoiselle 3.2 (6 ans).
Situation familiale:	Famille nucléaire classique. Tout risque d'explosion semble écarté pour l'instant!
Carrière:	Curieuse professionnelle et plume autonome, on peut lire ses articles dans plusieurs publications.
Devise:	Mieux vaut en rire!
Adresse:	Bungalow situé dans une verte prairie du 450. A aussi un pied-à-terre au **www.presse-education.com**.

Catherine Goldschmidt

Surnom: Drôle de famille

Enfants: Trois, même si parfois j'ai l'impression d'en avoir dix!

Situation familiale: D'ex-monoparentale heureuse, je suis passée à femme amoureuse en couple. Joyeusement débordée, mais toujours heureuse.

Carrière: Quand je ne joue pas avec les mots, je m'amuse (avec ou sans mes enfants!) et j'en parle dans diverses publications.

Devise: *On n'arrête pas de jouer quand on devient vieux, mais on devient vieux quand on arrête de jouer.* – G.B. Shaw

Adresse: Drôle de maison sous le soleil californien et au **www.naitreetgrandir.com**.

Valérie Gonthier-Gignac

Surnom: Mme Rikiki

Enfants: Un garçon (l'Ingénieur), trois filles (Souriceau, Douce et Mimi) ainsi qu'une petite chienne qui demande presque autant d'attention que les enfants réunis.

Situation familiale: Nucléaire, radioactive à l'occasion!

Carrière: Consultante en gestion dans une firme de technologies de l'information. Pendant mes congés de maternité, je me désennuie en lançant des projets étourdissants: études supérieures, rénovations majeures ou démarrage de boutique.

Devise: Pour maintenir ton équilibre mental, ne te demande pas ce que tes enfants peuvent faire pour toi... et surtout pas trop ce que tu pourrais faire de plus pour eux!

Adresse: Maison pleine de vie dans la Vieille Capitale.

Manon Lavoie

Surnom: M

Enfants: Deux garçons (A et G) et une fille (Mlle O).

Situation familiale: En amour depuis plus de 20 ans, mariée depuis 11 ans. Au fil des ans, nous avons formé une famille à grandes doses de tendresse, d'humour et de travail d'équipe!

Carrière: Je me suis mise au monde en offrant mes premiers ateliers. J'aide les femmes à ralentir le temps et à clarifier leur esprit en prenant le temps de laisser s'exprimer leur créativité. Un pas à la fois.

Devise: *La créativité est faite d'attention et de respect pour les petits faits de la vie.* – Francesco Alberoni

Adresse: Camp de base à la maison entre montagne et rivière de même qu'au **www.mcommemuses.com**.

Anik Lessard

Surnom: Euh... Anik!

Enfants: Un trio féminin (10 ans, 7 ans et 5 ans).

Situation familiale: Famille monoparentale qui partage tout de même à l'occasion ses crêpes matinales du week-end avec Amoureux et fiston de 11 ans.

Carrière: D'abord enseignante au primaire, je suis maintenant professeure en technique d'éducation à l'enfance, en plus d'être rédactrice. Romancière en devenir, mon premier bouquin humoristique paraîtra en 2014.

Devise: Oser est le meilleur moyen de réussir.

Adresse: Maison lavalloise avec vue imprenable et appréciée sur forêt et piste cyclable.

Florence—Élyse Ouellette

Surnom: Élyse

Enfants: Une fille de 20 ans, une adolescente de 16 ans, une belle-fille de 14 ans et un petit garçon tout neuf.

Situation familiale: Famille recomposée heureuse au sein de laquelle un beau garçon est venu boucler la boucle.

Carrière: Parajuriste en litiges de métier et conseillère indépendante pour une compagnie de cosmétiques.

Devise: Nous sommes les héroïnes de notre propre histoire.

Adresse: Sédentaire ayant trouvé son nid idéal dans les Basses-Laurentides d'où elle rédige ses billets sur **www.florence-elyse.com**.

Chapitre 1
Ce que j'ai dans le ventre

Utérus, n. m. (latin *uterus*). Cet organe de l'appareil génital féminin participe activement aux fonctions reproductrices de l'espèce humaine. Dans le cas d'une grossesse, l'utérus abrite le fragile œuf fécondé. Pendant plus ou moins 40 semaines, en plus d'occasionner des sautes d'humeur et des fringales, la croissance de l'embryon entraîne aussi l'expansion de l'utérus jusqu'à un volume certain. Au terme de son développement, la naissance est le seul aboutissement encouragé par le corps médical et souhaité par la mère. Lors de l'accouchement, les contractions de l'utérus (très) intenses et (plus ou moins) régulières marquent le début d'un travail de toute une vie. L'utérus reprend ses dimensions habituelles au bout de deux mois, contrairement au reste du corps qui ne revient jamais tout à fait au format original. Lorsque le ventre est gonflé, tendu et agité de mouvements internes, le recours à une échographie est indiqué.

Chapitre 1

La rage au ventre
Le retard de la cigogne

Par Nathalie

1er août 2004

Dame Nature
Planète Terre, Univers
G1K ICI
PAR COURRIER RECOMMANDÉ
SOUS TOUTES RÉSERVES

Objet: Mise en demeure

Mme Nature,

Le ou vers le 1er mars 1978, vous avez confié ma conception à deux de vos sous-traitants: Mamie et Papi 3.0. Environ neuf mois plus tard, l'inspection minutieuse de ma personne n'a révélé aucune anomalie.

Or, à la puberté, j'ai découvert que j'étais aux prises avec un vice caché: l'irrégularité de mes cycles menstruels. Malgré mes demandes répétées, vous avez refusé de corriger cette situation à ma satisfaction. De plus, vous m'avez induite en erreur en m'informant que ce problème se résorberait avec les années.

Votre refus d'agir m'a causé des inconvénients et des préjudices importants, le plus grave étant une certaine difficulté à concevoir un enfant. Après quelques faux espoirs, j'ai dû me rendre à l'évidence: ma quincaillerie avait besoin d'une mise au point.

Vous noterez que j'ai fait preuve de bonne foi en me soumettant aux examens de vos médecins. J'ai même accepté de m'humilier en embrassant, matin après matin, un thermomètre numérique dès mon réveil alors que j'avais encore la bouche pâteuse. Cet exercice a d'ailleurs causé une certaine perte de spontanéité dans mes rapports sexuels. Une instabilité émotionnelle directement proportionnelle à la variation de ma courbe de température a aussi été constatée. Vos médecins ont également tenté de réparer vos erreurs à l'aide de médicaments, sans succès jusqu'à maintenant.

Je suis tout à fait consciente que je suis un modèle unique pour lequel vous avez négligé de prévoir des pièces de rechange. Néanmoins, j'estime qu'il est de votre responsabilité de trouver une autre solution.

Je vous mets donc en demeure de faire en sorte que je sois enceinte dans un délai d'au plus 30 jours ouvrables suivant la réception de la présente. Si vous ne donnez pas suite à ma demande à l'intérieur du délai indiqué, des procédures judiciaires pourront être intentées contre vous, sans autre avis ni délai.

Nathalie

***

15 août 2004

Dame Nature
Planète Terre, Univers
G1K ICI

Très Honorable Dame Nature,

Je tiens à m'excuser pour ma missive précédente. Comme vous le savez, les hormones de grossesse font parfois varier l'humeur des femmes. Et puis, c'était l'idée de mon avocat véreux d'entreprendre une telle démarche. Il a profité de ma vulnérabilité pour me pousser à vous envoyer cette lettre et me facturer des honoraires salés. Je suis convaincue que dans votre infinie bonté, vous ne m'en tiendrez pas rigueur.

Je vous remercie beaucoup pour cette grossesse. C'est une merveilleuse nouvelle et je vous en suis très reconnaissante.

Vous êtes une personne exceptionnelle et vous m'avez toujours impressionnée. Votre feuille de route contient de telles réalisations que je ne peux que demeurer muette d'admiration devant vous. Je suis convaincue qu'une fois de plus, vous ferez preuve d'une efficacité exemplaire en m'offrant une grossesse sans soucis et un bébé plus que parfait.

Veuillez agréer, très Honorable Dame Nature, mes sentiments les plus sincères.

Nathalie

> *Pas toujours facile de tomber enceinte. Pour bébé 2, nous avons réussi au bout de 12 cycles menstruels irréguliers. J'envie celles qui sont régulières comme une horloge. Pour ma part, j'ai chaque mois la «surprise» de voir mes règles apparaître! La vie met la patience à l'épreuve, dans ce type de situation, peut-être parce que Dieu sait que la maternité en exigera toute une dose!* ☺
>
> *Anik*

> *J'ai découvert ma grossesse à 5 mois et demi! J'ai bien failli envoyer une mise en demeure au médecin qui m'avait déclaré que je ne l'étais pas quatre mois plus tôt, mais je me suis ravisée. Aujourd'hui, cette erreur reste et restera à jamais l'un des plus beaux cadeaux de ma vie.*
>
> *Catherine*

> *Frérot est notre petit dernier et celui qui s'est fait le plus attendre. J'allais abandonner le projet quand les petites lignes sont apparues sur le test de grossesse. Je suis si heureuse d'avoir gardé espoir!*
>
> *Julie*

> *Ton avocat véreux est-il resté dans le décor? J'aurais besoin de ses conseils pour tenter d'obtenir réparation pour quelques vices cachés qui apparaissent sporadiquement chez mes enfants.*
>
> *Valérie*

M'approprier mon ventre
Une histoire si belle que je ne me lasse de la raconter

Par Florence-Élyse

À seize ans, ma vie de fillette a volé en éclats. Je me tenais bien droite, aux côtés de ma mère qui avait insisté pour aller à la pharmacie faire le test de grossesse sur place. Amour d'adolescente. Comme seule précaution, un condom que l'infirmière de l'école m'avait remis quelques mois plus tôt dans un cours d'éducation à la sexualité.

Verdict capital: j'étais enceinte. Je me sentais comme une adulte dans mon jeune corps. Après que ma mère ait payé, elle s'est retournée sans rien dire et nous avons marché ensemble vers la sortie. Elle semblait avancer si vite alors que je sentais toute ma vie aller à reculons. Une fois dans la voiture, elle a prononcé quelques mots qui semblaient vouloir dire que nous allions certainement en reparler ces prochains jours, semaines, mois. Et moi, j'étais là, à l'aube de mon émancipation forcée, sentant pour la première fois le lourd poids de cette minuscule vie en moi.

À seize ans, l'annonce de cette grande nouvelle engendre forcément la question «et puis, est-ce que tu le gardes?» Mais, dans tout ce beau bordel, il y a eu ma maman. Compréhensive, présente et aimante. Celle qui attendait une réaction qui ne venait pas. Et peu importe ce qui arriverait, que ce bébé arrive ou pas, elle accepterait et m'aimerait autant. Il y a aussi eu mon papa qui habitait à des kilomètres de chez moi. Lorsque j'ai pris mon courage à deux mains (et le téléphone!) pour lui annoncer la nouvelle, je savais très bien que la conversation allait mal se terminer. Ce n'est qu'une semaine plus tard qu'il m'a rappelée pour s'excuser et pour me souhaiter la meilleure des chances. Sa voix était remplie de déception et de tristesse. Sa fille qu'il imaginait déjà avocate, vêtue d'une toge à plaider les plus grandes causes du pays, avait dorénavant l'ambition de changer des couches.

Au collège, pour certains, j'étais devenue une drôle d'espèce. J'étais dans la catégorie de ces «autres à qui ça arrive». J'avais de bonnes amies, présentes, attendries, presque maternelles. Lors de notre bal de finissants, en juin suivant, ma petite robe sur mesure montrait mon avenir marginal. Dans une main, je tenais mon diplôme et dans l'autre... un *Virgin Ceasar*. Je célébrais la fin de mes études secondaires, le ventre bien pointé vers l'horizon.

Peu à peu, je sentais mon corps habité. Et je me souviens de ces nuits où je me réveillais les mains bien posées sur le ventre, palpant l'inconnu. Toutes ces questions qui me brûlaient l'esprit et ce sentiment de confiance et de bien-être. *Ma bonne nouvelle.* Je voulais ce bébé et m'ancrer pour la vie dans la maternité.

C'est touchant, ton histoire. Tu as eu beaucoup de courage...

Anik

Avoir envie de garder un enfant et pouvoir décider de le faire est un véritable cadeau. Cela donne des super mamans, qu'elles aient 16, 25 ou 40 ans.

Catherine

On peut sentir tout l'amour que tu portes en toi, que tu as porté en ton sein et que tu transmets depuis toutes ces années à tes filles. C'est merveilleux! Et là, encore toute jeune, tu as toute la vie devant toi pour continuer à étendre les bras pour décrocher les rêves qui te tiennent encore à cœur... C'est une histoire fantastique!

Manon

À 16 ans, j'étais fascinée par le côté romantique et idyllique de la grossesse. Un beau rêve que je souhaitais matérialiser... un peu plus tard!

Julie

(Re) Venir au monde
Apprendre à lâcher prise

Par Manon

«Poussez, madame! Poussez!» me criait le médecin en tirant de son côté sur cette ventouse accrochée au crâne de mon bébé encore dans mon ventre. «Poussez!» tandis que deux infirmières pressaient fermement sur mon ventre.

Et paf! Mon bébé a soudainement été déposé sur moi. Tout gris. Immobile. Puis il a sursauté en recrachant du liquide amniotique. On aurait dit un noyé qui revenait à la vie.

«Tu vas voir mon bébé... la vie est belle! La vie est belle!» Ce sont les premiers mots que j'ai murmurés à mon fils. Ces mots qui l'ont ramené à la vie et qui m'ont aussi enseigné une grande leçon.

Sous l'effet de l'adrénaline, j'ai surmonté malgré moi la peur de perdre mon bébé et touché à une parcelle de vérité de la vie: lorsqu'on lâche complètement prise sur ce qui nous arrive ou sur ce qui pourrait arriver, on se rend compte à quel point la vie est belle. Belle, même dans la douleur. Belle parce que plus simple. Parce que tout ce que nous avons à faire, c'est de nous laisser porter par le courant au lieu de nous acharner à ramer fort et à contre-courant.

C'est ce que j'avais toujours fait dans mon ancienne vie. Avant d'avoir des enfants. Vouloir faire ma place dans le monde, prouver à la terre entière que j'étais capable d'accomplir bien des choses, toujours viser plus haut, plus loin. Et soudain, je me suis retrouvée face à la fragilité de la vie et la puissance de l'amour.

Le jour où mon fils aîné a fait de moi une maman, je me suis inclinée bien bas pour céder la place à la magie de la vie et j'ai cessé petit à petit de me battre pour tout et rien. J'ai pris ce petit être dans mes bras et, malgré mon grand sentiment d'impuissance face à sa vulnérabilité et mon nouveau grand rôle de maman, je nous ai fait la promesse que la vie ne serait pas compliquée. J'ai décidé de m'ouvrir à tout ce qui m'entourait avec tous mes sens bien aiguisés. Prête à écouter la vie battre en moi, en lui, en nous.

J'ai failli perdre mon fils. J'ai failli devoir vivre avec un immense trou béant en moi pour le restant de mes jours. Au lieu de ça, je suis repartie de l'hôpital avec une petite vie à prendre soin et un nouveau cœur battant la chamade au creux de ma poitrine. C'est à ce moment que j'ai lâché prise sur tout ce qui n'avait soudainement plus autant d'importance pour être disponible à savourer la vie. Complètement.

Les enfants nous font voir la vie autrement, ils permettent de relativiser un grand nombre de choses. Nous les aidons à grandir... et ils nous font grandir.

Nathalie

Tu me fascines avec ta façon de comprendre les grandes vérités dans les moments où on ne s'y attend pas. Tu me prêtes ta paire de lunettes?

Julie

Cesser de se battre pour des futilités, ça me parle beaucoup. La vie n'est-elle pas un magnifique défi plutôt qu'un combat?

Anik

Lâcher prise est le mot magique à souffler dans l'oreille de toutes les mamans qui manquent de s'écrouler. On l'entend au premier enfant, on le comprend au deuxième et on l'applique à toutes les sauces au troisième!

Catherine

> Ça commence avec la grossesse et la peur de la fausse couche, puis la peur d'une complication à l'accouchement, puis celle de la mort subite du nourrisson, et ça continue pour toujours, je crois. À partir du moment où une vie nous est confiée, on se rend compte de tout ce qu'on ne peut pas contrôler. Pour ma part, il n'y a eu que le lâcher-prise pour réussir à traverser tout ça sans me ronger d'angoisse!
>
> Valérie

Une maman, trois bedons
Chasser l'accouchement naturel, il revient au galop

Par Julie

Acte 1: octobre 2003

Trois heures du matin, je suis réveillée par une douleur jusque-là inconnue. «Prépare tes grignotines, ai-je dit à mon homme, la journée sera longue.» Nerveuse, j'ai téléphoné à ma mère pour qu'elle m'envoie de bonnes ondes. J'avais rendez-vous avec ma fille.

Les heures étaient interminables, la perte de connaissance, proche… et le petit déjeuner, loin! Pour me donner du courage (et nourrir ma culpabilité), je suis devenue copine avec la grande aiguille de l'anesthésiste. Pour intensifier l'expérience, mon bébé a décidé de montrer quelques signes de fatigue. Mon homme a tourné au vert. J'ai fermé les yeux et j'ai donné mon corps à la science.

Lorsqu'enfin j'ai entendu le premier cri de ma fille, je me suis apaisée. J'ai laissé Dre Odette faire du macramé avec mon périnée et j'ai englouti la soupe qu'on m'avait promise des heures plus tôt.

Chapitre 1

C'est au premier matin, entre une rôtie détrempée et un jus de pruneau, que nous avons choisi le prénom de notre fille. Inspirée, j'ai osé une nouvelle suggestion: «Qu'est-ce que tu dirais de GrandeSoeur?»

Ce fut adopté à l'unanimité.

***

Acte 2: février 2006

«Ses jolies petites fesses pointent en direction de la sortie», ont confirmé les doigts de Dre Odette du fin fond de mon intimité. Je me suis acheté un kilo d'amandes enrobées de chocolat pour digérer la nouvelle.

La césarienne était planifiée. Il faisait tempête, je me sentais incapable de quitter GrandeSoeur et nous sommes arrivés en retard. Au bord de la crise de nerfs, je n'ai même pas rouspété devant le ridicule de la situation: PapaZen devait s'occuper d'une pile de paperasse pendant que je passais une dernière échographie, affublée de vêtements d'hôpital d'un pastel à couper le souffle.

Pendant une éternité, j'ai attendu dans un fauteuil en cuirette. J'étais seule. Les deux mains sur mon ventre, j'ai parlé à PetiteSoeur. Aucun souvenir de mes paroles, j'étais terrorisée. Quand ce fut «mon tour», PapaZen était introuvable, peut-être occupé à signer une autorisation pour m'administrer un calmant.

La pièce était fraîche et j'ai senti mes larmes brûler mes joues. Étendue en croix sur la table d'opération, je ne pouvais les essuyer moi-même. Mon chum est enfin entré, avec une jaquette assortie à la mienne, et il s'est occupé de cette besogne délicate.

PetiteSoeur est née en cinq minutes, sous l'habile coup de bistouri d'une gentille gynécologue dont je n'arrive qu'à me rappeler le prénom. PetiteSoeur était rose. Elle me semblait minuscule malgré la longue cicatrice sur mon ventre.

***

Acte 3: novembre 2008

Dre Odette était dans le doute. Elle m'a donné rendez-vous avec ma gynécologue mystère. «Voici mon conseil: tu te donnes la chance d'essayer. En cas de pépin, la salle d'opération sera tout près.»

Voilà. J'étais rassurée par ce plan sensé.

Lorsque vint le temps de «travailler», j'ai obtenu une passe V.I.P. sur laquelle était inscrit «Danger! Cette femme accouche après une césarienne». Cette gracieuseté donne droit à un personnel aux petits oignons.

Le travail provoqué fut fulgurant. Ma promesse faite à moi-même: ne pas être la maman sur deux cents à subir une rupture utérine. Le moment venu, j'ai poussé de toutes mes forces pour ne pas faire partie de cette malheureuse statistique.

C'est ainsi que Frérot est né. Bien que le plus risqué, ce fut le plus simple de nos trois accouchements. Lorsqu'on l'a déposé sur mon ventre, j'ai dû me rendre à l'évidence: mon petit dernier m'exhibait fièrement ce qui le différenciait de ses aînées.

> Je constate que mes accouchements sont également le reflet des personnalités de mes trois enfants... On vient donc au monde de la façon dont nous sommes vraiment?
>
> Manon

> Acte 1: j'ai dit pas d'épisiotomie, ni de péridurale. J'ai eu droit aux deux. Acte 2: j'ai dit: je veux une péridurale et une épisiotomie s'il le faut. Je n'ai eu ni l'un, ni l'autre. Acte 3: j'ai dit, advienne que pourra. J'ai eu une césarienne d'urgence! Bref, en matière d'accouchement nos désirs sont tout, sauf des ordres!
>
> Catherine

*Acte 1-2-3: donnez-moi l'épidurale au plus?%$#@##! Oui, madame!
Je n'ai pas pu faire autrement!*

Anik

Le ventre est gros
Mais le monde est petit

Par Valérie

L'hôpital ou la maison de naissance? Pour avoir essayé les deux, je me risquerais à affirmer que, dans l'éventualité où l'objectif est d'avoir un accouchement mémorable et plein d'anecdotes, il y a un risque de déception assez important avec les sages-femmes. Elles sont super gentilles, super attentionnées, mais je trouve qu'il leur manque un petit «oumf» pour mettre du swing dans le party.

Des exemples? À mon premier accouchement, l'interne de l'hôpital que j'ai rencontrée était une ancienne consœur de classe.

— Hé, salut, Caroline! Tu te souviens, on a fait un cours d'éthique et bioéthique médicale ensemble!

— Ben oui, salut! Si je me souviens? On était dans la même équipe et tu me contredisais tout le temps! Tu veux bien t'installer pour que je fasse un petit examen de ton col?

Un hasard? Pas sûre, puisque ça s'est reproduit à l'accouchement de Souriceau.

— Dis donc, nous ne serions pas allées à la même école secondaire? J'étais dans le niveau de ta sœur, deux ans plus jeune que toi…

— Ben oui! Valérie! C'est donc ben l'fun! Tu veux bien t'installer pour un p'tit examen du col pendant qu'on continue à placoter?

Puis, à l'accouchement de Douce, l'interne m'était aussi familière.

— Ben ça alors, Évelyne! Ta sœur était de garde à mon dernier accouchement! Tu parles d'un adon!

— Eh, Valérie! C'est donc ben drôle comme coïncidence! Comment ça va? Attends, je vais faire un examen de ton col...

Pas de danger de faire des rencontres fortuites à la maison de naissance, tout y est tellement tranquille. En plus, tu es pas mal sûre que la sage-femme qui t'a suivie sera présente à l'accouchement. À l'hôpital, par contre, il y a plein de surprises possibles... comme mon médecin traitant qui n'est jamais arrivé à temps pour les trois premiers accouchements! Pour l'accouchement de Douce, avec Évelyne, ça m'a permis de vivre plein d'expériences différentes avec les internes.

— Heu, Valérie, le médecin n'arrive pas... Essaie de ne pas pousser, OK?

— Héhé, désolée, mais ça pousse tout seul... Va falloir que tu t'y mettes, ma chère.

Et après la naissance, Évelyne était un peu tremblante.

— C'était mon premier accouchement toute seule...

— Félicitations! Ça s'est super bien passé!

Avec les sages-femmes, il me semble qu'il y a un peu moins de place pour la spontanéité, quoique je convienne que c'est une impression bien personnelle. À l'hôpital, c'est la vraie vie, avec du vrai monde! Ça me fait d'ailleurs penser à un autre exemple. À l'accouchement de l'Ingénieur, le médecin de garde était là, flanqué de deux jeunes internes (Caroline avait fini son quart de travail). Tout ce beau monde a procédé à un p'tit examen de mon col.

— Dix centimètres, c'est tout proche, Madame! Laissez-moi déposer mon café avant de pousser. Bon, les gars, ça va être fini avant le dîner. Il fait beau, pourquoi pas un p'tit barbecue au placenta ce midi?

Chapitre 1

De vraies *jokes* de médecin comme ça, ce n'est pas dans *D^{re} Grey, leçons d'anatomie* qu'on les entend. C'est du réel, un médecin dans l'exercice de ses fonctions, vu de l'intérieur; il faut être là quand ça passe! Mais je dois être juste, les sages-femmes ont une qualité rare et rafraîchissante: le bon sens. Oui, j'ai pu l'observer à la naissance de Mimi.

— Valérie, il me semble que tu n'as pas l'air confortable dans cette position... Tu ne veux pas changer?

— Oh, mais je pensais que tu voudrais me faire un examen du col...

— Un examen du col? Bah, si tu y tiens, mais, pour ma part, je n'en vois pas la nécessité. Rien qu'à te regarder, on voit bien que t'es sur le bord d'accoucher.

— Là-dessus, on s'entend. Y a des choses qui sont évidentes, me semble!

Pendant ma césarienne, le personnel pariait sur le poids du bébé en sortant le «fruit de mes entrailles» alors que je pleurais à chaudes larmes, tout émue. ☺

Nathalie

À la naissance de PetiteSoeur, le personnel manipulait notre nouvel appareil-photo et s'exclamait devant les prouesses technologiques qu'il pouvait accomplir. Je n'ai jamais eu d'aussi belles photos!

Julie

J'ai accouché trois fois dans le même hôpital sans jamais croiser le même visage. Même le père qui m'accompagnait était différent. ☹

Catherine

> Je vous assure qu'il y a une vie digne d'un téléroman dans les unités de naissances. Après 32 heures passées dans l'une d'elles, on s'appelait par nos p'tits noms.
>
> Florence-Élyse

J'en avais dans le ventre
My Big Fat Greek accouchement

Par Florence-Élyse

Au moment où je suis devenue enceinte, la balance affichait à peine 51 kilos. J'avais la poitrine discrète et un corps de ballerine. Je n'étais pas encore tout à fait femme. Aux deux premiers tiers de ma grossesse, j'avais le ventre un peu arrondi, sans plus. Mon médecin était assez âgé pour être mon grand-père. Il ne cessait de me répéter que c'était parfait, que j'allais accoucher facilement, comme «*une maman chat*» d'un petit bébé et qu'il y aurait peu de complications. Génial! Il était peu bavard et n'en disait jamais trop. Il se contentait de l'essentiel pour la jeune patiente que j'étais et qui ne savait pas trop quelle question poser.

À quelques jours de mon premier accouchement, mon ex-belle-maman d'origine grecque (qui a accouché de quatre garçons, dont des jumeaux) m'avait dit que j'allais comprendre ce que c'était que d'avoir mal. Que la douleur me prendrait si violemment que je me plierais en deux. Je m'étais promis de rester forte et bien droite. Bah! Ces vieilles histoires de grands-mères!

La veille du jour J, pas de signes avant-coureurs, mais un ventre gigantesque au bord de l'explosion. La balance affichait 69 kilos, faisant honneur à tous ces repas méditerranéens dont je m'étais régalée pendant des mois. J'avais un rendez-vous de routine avec mon médecin. Il était d'une curieuse volubilité ce jour-là. Je notais même une certaine fébrilité dans sa voix lorsqu'il a tâté mon col. «*Tiens-toi près de l'hôpital, ça s'en vient bientôt.*» Bonne nouvelle!

Chapitre 1

Je n'avais toutefois pas prévu qu'il m'annonce, derrière ses lunettes posées au bout de son nez: «*C'est un gros bébé que nous avons là. D'après les mesures du ventre, je dirais 3,5... 4 kilos.*» Quoi?!

Le lendemain, c'est à 7 h 30, lors de mon 72e pipi de la nuit, que j'ai ressenti «la» douleur. La corpulente, synonyme de la fin de l'attente. Après une épidurale, douze heures de travail et un médecin très zen, j'avais sur mon sein une grosse fille joufflue de presque quatre kilos. Elle pleurait doucement tout en écoutant le son de ma voix. Armée de mes 17 ans, je sanglotais avec elle. J'avais toutefois l'assurance d'avoir fait ça comme une grande. Autour de moi, un médecin, trois infirmières, ma maman, ma belle-maman et le papa de ma fille. On a fait ça en grand!

«*J'aimerais l'allaiter s'il vous plaît*», ai-je demandé à l'infirmière quelques minutes plus tard. Elle ne répondit pas. Elle se contenta de regarder ma mère et de lui dire: «*Vous savez, elle vient de faire une hémorragie et ne doit plus avoir tellement de force...*» Ma mère, ne lui laissant aucune chance de poursuivre, lui lança: «Elle veut l'allaiter. C'est maman qui décide!»

Voilà, j'étais maman.

> *Fatiguée ou pas, on fait ce qu'on veut après tout!*
>
> *Catherine*

> *J'appuie Catherine! Je dirais même que fatiguée, on risque d'être encore plus persuasive...* ☺
>
> *Anik*

> *Ce que je préfère de ton histoire, c'est le mot de la fin: c'est la maman qui décide! Oui, oui, oui, oui! J'en fais mon dicton et je vous enjoins de répandre la Bonne Nouvelle. Amen.*
>
> *Valérie*

Intimité... collective
Entre-jambes

Par Catherine

Je suis couchée sur le dos. Les yeux fermés. Prête pour le grand jour. Enfin, je crois. Quand j'imaginais cet instant, je me voyais allongée dans un grand lit blanc avec mon amoureux d'un côté et mon médecin adoré de l'autre avec, en fond sonore, ma musique préférée. Inquiète, certes, mais résolue à vivre le grand *Respire-Souffre-Accouche* comme des milliards de femmes avant moi. Seul hic: dans ma vie, mes rêves refusent systématiquement de fusionner avec ma réalité qui a plutôt tendance à déraper.

En ouvrant les yeux, j'aperçois donc, entre mes jambes (à moitié épilées pour cause de départ précipité), non pas la belle chevelure dorée de mon médecin bien-aimé qui a suivi ma grossesse pas à pas, mais plutôt le haut du crâne chauve d'un médecin de garde inconnu dont je suis incapable de me rappeler le nom. Celui du jeune médecin résident qui l'accompagne non plus d'ailleurs. L'étudiant, les yeux plissés en signe de profonde réflexion (pour moi, il dort debout), a les mains sur les hanches et le corps légèrement penché vers l'embouchure de mon intimité. Les deux hommes marmonnent. Je crois qu'ils parlent de mes eaux (enfin, j'espère).

Pendant ce temps-là, à ma gauche, l'infirmière de jour, une vieille sèche au menton poilu, vérifie mon soluté tandis que Barbie-infirmière-en-formation me touche le ventre en poussant des petits cris. Quelque chose a bougé. La Belle a raison. Je sens une douleur envahir lentement mais sûrement le bas de mon ventre. Pendant que les deux femmes théorisent sur mes contractions, je tourne la tête vers la droite pour chercher mon souffle, mais surtout pour croiser un regard familier. Je tombe sur celui de mon homme, assis sagement sur une chaise, à mes côtés. Il ne parle de rien. Il écoute, pâle et gêné, toutes ces blouses blanches qui diagnostiquent autour de mon ventre arrondi par la vie. En attendant de pouvoir prendre notre bébé dans ses bras, il me tient d'une main, et de l'autre, il serre notre vieux lecteur CD qui a rendu l'âme dix minutes plus tôt sans avoir eu le temps de jouer une seule note de mon air favori. La douleur passe. Comme le rêve. Le silence envahit la pièce.

Je respire (un peu). J'hallucine (beaucoup). J'ai l'impression d'avoir vu bouger le grand rideau blanc qui nous entoure depuis tout à l'heure, préservant ainsi l'intimité de nos six personnes. Un des pans s'ouvre, laissant apparaître le visage de l'infirmière de nuit qui commence son quart de travail et qui a la gentillesse de venir saluer sa nouvelle patiente. En voyant son air surpris devant cette meute inattendue, je lui lance, inspirée: «Numéro 7, bonjour! Vous avez pris votre ticket? Qu'est-ce que je vous sers? Il me reste un bras droit, deux oreilles et une fesse gauche de libres. Ça vous intéresse?!»

Les spectateurs en ont eu pour leur argent! Moi, mon sens de l'humour m'a quittée entre deux contractions pour aller faire les cent pas dans le couloir et n'est revenu qu'une fois le travail terminé.

Nathalie

Moi, j'ai eu droit à «pousse, Caroline!» J'étais tellement occupée à empêcher mes genoux de claquer et mon périnée de déchirer, que je n'ai pas pensé contredire mon médecin. J'ai laissé ce boulot à PapaZen. ☺

Julie

C'est véritablement un village qui assiste à l'accouchement. C'est à se demander si les commérages de voisinage viennent avec! «Ah, tu sais, la parturiente de la chambre 2014, bien elle n'a pas trop le sens de l'humour...»

Anik

Mon cerveau a occulté ces souvenirs. Il le fallait bien, car je n'aurais eu qu'un seul enfant! Ha!

Manon

Pieds

Chapitre 2
La maternité pas à pas

Pied, n. m. (latin *pes, pedis*). Partie inférieure articulée de la jambe, elle permet de se tenir debout devant l'adversité et de faire ses premiers pas sur le chemin tortueux de la vie de famille. Que l'on saute à pieds joints dans l'aventure ou qu'on s'y rende à pas de loups, il n'en reste pas moins que l'on finit toujours par retomber sur ses pattes même si on s'enfarge parfois dans les fleurs du tapis.

Il arrive parfois que l'estomac des bébés leur tombe dans les talons et que le moral de leur maman le suive. En faisant leurs premiers pas, il n'est pas rare que les bambins un peu plus grands aient les pieds dans la même bottine. Une fois adolescents, les garçons peuvent traîner le pas et les filles apprivoiser les talons aiguilles. En raison des changements hormonaux, il arrive que, bêtes comme leurs pieds, ils envoient leur entourage promener et valser.

À force de faire les cent pas en se torturant l'esprit, il arrive que de la corne se forme chez l'adulte. Parfois, il apparaît même des ampoules, plus ou moins éclairantes selon le cas. Après des journées bien remplies, le parent chausse des pantoufles confortables avec le sentiment du travail bien fait.

La plupart prennent leur pied dans la maternité!

Le moral dans les talons et le cœur gros
Il faisait nuit noire et je commençais à avoir les blues…

Par Julie

Il faisait nuit. La maison était silencieuse. Je m'étais effondrée sur mon lit en poussant un soupir de soulagement. Bien calé sur l'oreiller, mon cerveau fonctionnait au ralenti. J'ai frotté une dernière fois mes yeux secs et fatigués.

PapaZen venait de terminer une longue balade sur la mezzanine avec GrandeSoeur. Elle n'avait que quelques jours. Il l'avait portée patiemment dans ses bras, en alternant berceuses et chuchotements. Les pleurs du bébé avaient résonné dans toute la maison pendant ce qui m'avait paru une éternité. Moi, j'étais au bord de la crise de nerfs.

Il faisait nuit noire. La maison était enfin silencieuse. Épuisée, je m'étais endormie sans demander mon reste.

Ouinnnnnn!

Je me suis réveillée en sursaut. Mon seul réflexe a été de me mettre à pleurer moi aussi. J'avais allaité très exactement onze fois ce jour-là. Chaque fois, ça avait duré plus d'une heure. Certaines tétées avaient duré si longtemps qu'il était impossible de savoir s'il s'agissait du même boire ou d'un nouveau. J'avais le teint vert et j'étais exténuée.

Ouinnnnnn! Ouinnnnnn!

En me retournant dans le lit, j'ai grimacé au contact des draps. J'avais les mamelons en sang. Ni les positions de la madone ou de la joueuse de football n'avaient réussi à soulager mes crevasses. Ni les feuilles de chou savamment taillées, placées au congélo et disposées astucieusement en *patchwork* dans mon soutien-gorge n'avaient apaisé la brûlure. En plus, mes draps empestaient le vieux lait. J'étais découragée.

Ouinnnnnn! Ouinnnnnn! Ouinnnnnn!

PapaZen dormait à poings fermés. Je nageais en plein désespoir. Je me suis levée pour aller à la salle de bain. Dans la pénombre, j'ai regardé mon ventre flasque et encore tout enflé. Le fait qu'il soit à jamais déformé par des vergetures a ajouté au pathétisme de la situation.

Ouinnnnnn! Ouinnnnnn! Ouinnnnnn! Ouinnnnnn!

Je suis allée chercher celle dont l'estomac faisait la taille d'une cerise. Je me suis résignée à lui donner un douzième boire. J'ai pris une grande respiration et j'ai tenté d'allaiter ma fille en suivant les conseils de l'infirmière. J'ai pincé mon sein pour en faire un «petit hamburger plus facile à avaler». J'ai juré dans la pénombre en sentant le coup de poignard que sa petite bouche m'a infligé. Traumatisée à l'idée de répéter la torture, j'ai pilé sur mon orgueil et j'ai demandé l'aide de PapaZen. Après avoir tourné de l'œil devant la soudaine ampleur de ma poitrine (et ne s'être empêché de me le faire remarquer), il a fait de son mieux pour fournir la troisième main nécessaire pour mettre mon poupon au sein. Puis, il m'a regardée d'un air impuissant et est allé se recoucher comme un automate. En suant à grosses gouttes malgré la fraîcheur de la nuit, les orteils crispés sous la douleur, j'ai pleuré jusqu'à la fin du boire.

Au matin, j'ai caché mes cernes et je suis allée consulter une marraine d'allaitement, déterminée à obtenir des trucs pour tirer mon lait. D'une voix chevrotante, j'ai confié:

«Je dois me reposer. Je suis au bout du rouleau…»

La marraine venait de me confirmer que, grâce à mon lait, mon bébé prenait le poids qu'il fallait. Pourtant, je me suis sentie comme la plus abrutie des mères quand elle a récité:

«N'avez-vous pas pensé dormir en MÊME temps que votre bébé? Vous savez, la fatigue est NORMALE pour une jeune maman. TOUTES les femmes depuis la nuit des temps la ressentent. Donner un biberon n'est PAS une solution. D'ailleurs, il n'y en avait pas dans les cavernes! Ce qui n'est pas normal, dans VOTRE cas, c'est la douleur. Ne savez-vous pas qu'on ne sent pas une montée laiteuse quand son bébé est mis CORRECTEMENT au sein?»

Chapitre 2

Avec le recul, j'aurais bien dû lui dire de se mettre où je pense son yogourt-probiotique-spécial-à-quarante-dollars-qui-goûte-la-merde et qui allait guérir le muguet qu'elle m'avait diagnostiqué sans examen.

Mais cette journée-là, je l'ai acheté.

Parce que même si le soleil était jaune et la neige blanche…

Parce que même si j'avais un bébé tout rose, moi je commençais à avoir les blues…

Ce récit ferait une bonne publicité contraceptive, je crois…. J'ai toujours été fascinée de constater que les «joies» des premiers mois avec bébé ne nous empêchent pas de vouloir d'autres enfants…

Anik

Je pense tout simplement à tout l'isolement que tu pouvais ressentir à ce moment, que seule une autre maman peut comprendre.

Florence-Élyse

Elle a oublié de te dire que les mères qui allaitent sont plus détendues grâce aux hormones. Avoir su, tu te serais sentie mieux, non?

Nathalie

J'avais du mal à dormir. Le seul moment où je me sentais complètement assommée, prête à sombrer, c'était lorsqu'il commençait à s'éveiller!

Valérie

C'est pas le pied
Du rire aux larmes

Par Catherine

Je suis une goutte d'eau, une mare, un lac, un océan. L'eau s'échappe de partout. Ça déborde. Je suis un égouttoir, une passoire, un arrosoir. Ça fuit. Je me noie. Une bouée SVP! C'est arrivé d'un coup, quelques jours après mon accouchement. Les larmes se sont mises à couler sans aucune raison. J'avais un beau bébé en santé et un bel amoureux à mes côtés. Mes hormones ont balancé ça au rayon: «Pis? Et alors?»

Tout ça pour mieux focaliser sur l'opération «Évacuons toutes les larmes de cette femme». Elles voulaient probablement m'assécher pour que j'évite de pleurer au moindre futur bobo ou petit drame qui risquait d'arriver à mon enfant. Non, mais de quoi je me mêle?

Comme je suis plutôt d'un tempérament joyeux, mes hormones l'ont joué subtil en allumant ma mèche à l'aide d'un complice de taille: l'oignon. D'habitude, je résiste assez bien, mais là, au troisième coup de couteau, mes yeux ont commencé à piquer. «Normal, me suis-je dit. Fatigue postnatale oblige.» J'ai coupé trop lentement. Une heure plus tard, j'ai enchaîné sur des muffins aux fruits rouges pour me changer les idées et, surtout, arrêter ces maudites larmes qui mouillaient mes yeux. En lisant ma recette, je me suis sentie soudain émue à l'idée de mélanger les ingrédients secs aux ingrédients humides. J'ai trouvé ça légèrement bizarre.

Après le souper, j'ai rejoint mon homme dans le salon pour regarder les nouvelles à la télévision. Sans aucune raison, j'ai ri en voyant apparaître la présentatrice du journal télévisé sur mon grand écran, mais quand elle a dit: «Mesdames et messieurs, bonsoir», j'ai éclaté en sanglots. Deux jours plus tard, en m'apercevant en pleurs sur le perron de ma porte avec mon bébé dans les bras, ma voisine s'est approchée de moi pour m'offrir son aide. Entre deux hoquets, je me suis retournée pour la remercier, mais en voyant sa nouvelle coupe de cheveux, j'ai été prise d'une crise de fou rire impossible à contrôler. La honte.

Chapitre 2

J'ai voulu raconter l'incident à mon homme le soir même, mais quand il a franchi le pas de la porte, l'œil lointain, sans m'embrasser, j'ai senti mon cœur se déchirer en mille morceaux. Certaine d'être témoin des derniers instants de mon couple, j'ai plongé dans les chutes du Niagara en inondant le couloir. Une vraie folle. Et lui, qu'a-t-il fait? Il m'a serrée dans ses bras pour calmer ma tempête intérieure. J'en ai pleuré de joie. Une vraie folle, je vous dis.

Heureusement, j'ai vite repéré les coupables de mes humeurs aquatiques. Alors, j'ai pris mon mal en patience. J'ai laissé les larmes glisser hors de moi en attendant que ça passe. Et c'est passé. La tristesse a disparu. Comme ma voisine, d'ailleurs, que je n'ai plus jamais revue!

Vive les montagnes russes hormonales des nouvelles mamans!

Manon

Et les montagnes russes des mamans expérimentées? Perso, je trouve toujours que garder son calme et sa bonne humeur est un défi de tous les jours quand on est maman...

Anik

Ne t'inquiète pas. La voisine est toujours là, elle a juste fait refaire sa coupe et tu ne la reconnais plus!

Nathalie

J'ai honte de dire qu'il fut un temps où, faisant l'épave sur mon divan, je trouvais ça bien beau les émissions «téléboutique». Mes hormones déréglées ont presque eu raison de mon jugement: tout d'un coup, j'avais tellement besoin de tous ces produits inutiles!

Julie

Six pieds sous terre
RIP — Le plus difficile enterrement de ma vie

Par Anik

Un petit groupe entoure le cercueil. En tête de l'attroupement, je pleure à chaudes larmes. Je dois dire adieu à cet être qui a représenté tout pour moi. Je m'avance devant la foule. Je m'apprête à rendre un dernier hommage à cette femme qui reposera en paix pour l'éternité.

«Je dis aujourd'hui adieu à une femme qui m'a marquée. Souvenons-nous d'elle, chers amis. Elle était si dynamique, si pleine de vie. Évidemment, quand on a la possibilité d'ouvrir l'œil à 10h du matin et de s'installer confortablement chaque nuit dans les bras de Morphée, ça aide. Que cette femme aimait dormir! Elle allait jusqu'à utiliser son réveil pour mettre un terme à ses interminables siestes d'après-midi, le week-end.

«Elle aimait la propreté et l'ordre. Elle faisait son ménage en deux temps trois mouvements. Ses vêtements étaient toujours propres. Elle cuisinait de bons petits plats que personne ne critiquait. Elle recevait ses amis à coup de repas quatre services. D'ailleurs, elle mangeait ce qu'elle voulait, quand elle le voulait, tranquillement assise à table ou devant la télévision, sans jamais avoir besoin d'utiliser le bouton pause. Elle ne se laissait interrompre que pour se reverser un peu de vin ou encore quelques croustilles additionnelles.

«Elle était toujours à l'heure à ses rendez-vous ou à ses sorties entre amis. Il faut dire que quelques minutes lui suffisaient pour se préparer, que ce soit pour les loisirs ou le boulot. Elle profitait d'une vie de couple exemplaire, prenant le temps de faire du sport et des activités avec son chéri chaque semaine. Sa vie sexuelle n'avait pour seul inconvénient que de l'obliger à fermer les fenêtres de sa chambre l'été ou les stores le soir.

«Elle était libre et sans soucis, ayant pour principales responsabilités la gestion de ses finances et de son temps.

«Je lui dis aujourd'hui adieu, car je sais que je ne la reverrai jamais...»

Chapitre 2

***

Désormais, dormir, d'un œil, jusqu'à 8 h 30 le matin deviendra le comble de la grasse matinée, même après une nuit entrecoupée par des enfants qui toussent ou ont perdu leur suce. Quant aux siestes d'après-midi, elles ne seront plus un plaisir paresseux, mais une technique de survie. À partir de maintenant, les taches laissées par les petites bouches et les petites mains sur les vêtements seront tolérées, tandis que le ménage ne sera fait qu'aux deux à trois semaines puisqu'il est toujours à recommencer de toute manière. Dorénavant, l'heure des repas sera composée de plats simples même s'ils suscitent la controverse et sera ponctuée de mille aller-retour dans la cuisine. Quant aux amis, ils seront invités au restaurant, faute de temps pour concocter des plats gastronomiques dignes de ce nom. À l'avenir, le sport s'effectuera à tour de rôle plutôt qu'ensemble. La seule activité physique se faisant en couple se déroulera en silence, la porte barrée pour éviter de réveiller les enfants.

Cela dit, la nouvelle Anik aura trois belles filles. Trois paires de bras qui l'entoureront et lui feront des câlins. Trois petites têtes qui l'attendront pour découvrir le monde et rêver. Et c'est pour cela qu'aujourd'hui, je dois faire le deuil de toi.

RIP

Ci-gît

Anik, insouciante et sans enfants

1975-2003

Je prédis la résurrection d'une Anik (un peu) insouciante malgré ses enfants d'ici quelques années!

Nathalie

> *Bienvenue dans la vraie vie, celle qui rime avec chaussettes dépareillées, jouets qui traînent, éclats de rire et câlins à n'en plus finir!*
>
> *Catherine*

> *Anik est maintenant au paradis!*
>
> *Valérie*

> *Qu'on lui apporte des fleurs à jamais, pour compléter son bonheur!*
>
> *Florence-Élyse*

Les deux pieds sur terre
Bataille d'identité

Par Florence-Élyse

27 décembre 1991

Cher Journal,

Je me sens comblée ce soir. J'ai passé la journée sur les pentes de ski avec mes amis et j'ai terminé ma soirée chez une copine où il y avait des gens partout dans la maison. C'était la fête!

Ce fut un beau Noël entre chez papa et chez maman où j'ai été bien gâtée. Mon plus beau cadeau: un manuel de conduite. Ouiiii! Je vais suivre mes cours afin d'obtenir mon permis. Papa a promis qu'il me laisserait la deuxième voiture puisque d'ici quelques mois, je commencerai le cégep et je pourrai aller là où je veux.

Ah! Et je suis en amour… je te raconterai plus tard!

Bonne nuit. xoxox

Chapitre 2

24 avril 1992

Cher Journal,

Aujourd'hui, maman a organisé une fête pour mon anniversaire. Plusieurs invités ne savaient pas quoi me souhaiter entre «Bon anniversaire» et «Félicitations pour le bébé».

Le bébé. Je me pose mille questions. J'ai croisé une maman aujourd'hui au restaurant et je ne cessais de l'observer. Je n'arrivais pas du tout à m'identifier à elle malgré le ventre que nous avions en commun. Je ne me sens pas encore habitée par ce bébé. Je sais qu'il est là, c'est tout.

J'ai rendez-vous demain pour en discuter avec la travailleuse sociale de l'école. Je trouve ça très difficile de devoir faire des choix...

Bonne nuit. xoxox

***

23 novembre 1994

Cher Journal,

Il y a deux ans, ma nouvelle réalité de maman m'a frappée de plein fouet. Pourtant, je cherche toujours mon équilibre. Entre mes amis que je vois tous les jours à l'école et les mamans que je croise à la garderie, je dois constamment me rappeler qui je suis entre la jeune fille et la maman. Pendant que mes amis se demandent où ils passeront le prochain vendredi soir, moi, je me demande si je vais tenir le coup entre toutes ces responsabilités. Et lorsque j'ai l'occasion de passer une soirée entre amis, je me sens coupable. La maman gagne manifestement du terrain sur la jeune fille que je m'étais juré de rester. Pourtant, j'adore mes samedis matin avec ma fille, collées à écouter *Le Roi lion* pour la 723e fois. C'est surtout ici, maintenant, que résident mes moments de bonheur.

Pieds

En chaque maman que je côtoie régulièrement, j'essaie de trouver mes repères et des exemples à suivre. Je devrais être comme la plupart, en train de forger mon identité avec les multiples décisions auxquelles nous devons toutes faire face à mon âge. Je bataille entre deux personnes: la jeune étudiante et la maman.

Malgré tout, mon rôle de mère ne me vient pas aussi rapidement lorsque j'étudie ou que je jase au café étudiant du cégep. Je m'associe facilement à ce groupe de jeunes étudiants, mais lorsque sonne 16 h, je m'empresse d'arriver à la garderie. Pas une seule fois jusqu'à maintenant je me suis sentie lasse de cette routine de maman étudiante. J'arrive parfois en retard à mes cours, mes manuels d'école contiennent parfois des dessins bizarroïdes et je trouve des *Cheerios* dans mon porte-crayon, mais ce ne sont que des détails...

Bonne nuit. xoxox

Je connais un journal qui a dû voir ses pages se noircir vite!

Julie

Je t'admire tellement! J'aime mes enfants plus que tout, mais je ne crois pas que j'aurais pu les avoir si jeune.

Catherine

À cet âge-là, je rêvais déjà d'avoir une grosse bedaine, mais c'était une image romantique qui n'avait pas grand-chose à voir avec la réalité.

Nathalie

Ça n'a probablement pas été la jeunesse insouciante de la plupart de tes amis, mais elle était certainement aussi riche. Avec l'efficacité qu'on gagne en ayant des enfants, je t'imagine très bien faire tes travaux en deux fois moins de temps tout en obtenant les mêmes résultats qu'eux!

Valérie

Chapitre 2

Préparer son congé de pied ferme
Stratégie d'occupation du temps post-partum

Par Nathalie

Durant un congé de maternité, une mère bénéficie subitement d'un surplus de temps très inhabituel. Évidemment, quelques heures doivent être consacrées au nourrisson, mais comme les bébés dorment en moyenne 20 heures par jour, il faut bien trouver des activités pour se changer les idées.

Devant cette perspective troublante pour la jeune femme occupée que j'étais, j'avais établi des stratégies pour chasser l'ennui durant cette période oisive.

Tout d'abord, je devais veiller à demeurer active intellectuellement. J'ai donc écrit sur ma liste: lire tous les bouquins dont j'avais toujours eu envie sans avoir de temps à y consacrer, visionner des documentaires sérieux et m'inscrire à des cours à distance. Et… m'initier au cinéma d'auteur letton (au pire).

Ensuite, laisser aller ma créativité en écrivant ce roman dont je rêve depuis longtemps. Commencer la peinture et préparer ma première exposition de photos, c'était noté! Tant qu'à y être, j'avais pensé refaire la décoration de la maison. Et pourquoi ne pas révolutionner le monde cinématographique en réalisant un film sur la vie sexuelle des perce-oreilles avec un téléphone intelligent?

Je désirais aussi prendre enfin le temps de m'occuper de ma santé en concoctant tous ces petits plats compliqués qui sont tellement beaux dans les livres. Une inscription à des cours de remise en forme et la planification de journées spa «maison» étaient aussi sur la liste. J'avais même envisagé de dénicher tous les trucs pour prévenir et guérir les ongles incarnés (on ne sait jamais quand ça peut servir).

Je ne pouvais passer à côté de la planification des tâches ennuyantes, mais nécessaires, comme de soigner le ménage de la maison en chassant les grains de poussière qui peuvent se loger jusque derrière les plaques des prises de courant. Dans l'atelier, j'avais songé à classer toutes les vis par forme, grosseur, usage et ordre alphabétique pour faciliter la vie de Chéri.

Pieds

D'ailleurs, je ne devais pas oublier de chouchouter Chéri après sa dure journée au bureau, le pauvre. Pourquoi ne pas créer une ambiance douce et romantique, lui prodiguer un massage et lui servir des aliments aphrodisiaques en tenue légère?

Finalement, je pensais à faire une sieste de temps à autre si j'arrivais à être assez fatiguée pour ça. Une petite tétée dans le milieu de la nuit, ce n'est quand même pas si épuisant, surtout quand on peut faire la grasse matinée.

Voilà, ma liste était complète...

Alors, vous y avez cru?

Ha, ha, ha! Moi aussi, j'y ai cru (un peu) AVANT d'avoir des enfants. La réalité a été tout autre, évidemment. Pour assurer ma survie et mon équilibre mental et profiter pleinement de mon congé de maternité, j'ai dû plutôt apprendre à me concentrer sur l'essentiel (le reste peut attendre). J'ai aussi pris la liste de ce que je peux généralement faire dans une journée et je l'ai coupée en deux. Si tout va bien, j'arrive normalement à en faire le quart (le reste doit attendre). Et finalement, j'ai profité de bébé au maximum, c'est un congé de maternité après tout (et ça, ça ne peut pas attendre).

P.-S. J'ai tout de même conservé ma liste précieusement. Qui sait, elle sera peut-être utile à la retraite!

Ha, ha! C'est vrai qu'on ne réussit pas à faire grand-chose avec un jeune bébé. J'enviais tellement leur père de pouvoir se reposer au travail! Liste de retraite? De grâce, une fois que les enfants seront un peu plus vieux, laissons-nous aller!

Anik

Tu m'as fait peur!!!

Catherine

En congé de maternité, ça m'a pris des semaines avant d'accepter que ma «To do list» ne puisse contenir plus d'un ou deux items par jour. Quand je regarde mon agenda qui déborde aujourd'hui, je me sens nostalgique.

Julie

J'avais également prévu le coup. À six mois de grossesse, j'ai parti ma propre petite entreprise. Heureusement pour moi, tout fonctionne bien et j'arrive à tout faire avec bébé, par blocs de trente minutes. Et pour les tâches ménagères, on repassera.

Florence-Élyse

Marche santé
En route vers le bonheur

Par Manon

Je suis là, avec toi, petit homme endormi dans ton gros carrosse tout-terrain. Je suis là en ce premier printemps depuis des lustres à être dehors en pleine semaine. Je suis à tes côtés, à respirer cet air si pur! Et soudain, je lève les yeux au ciel et j'aperçois ces oiseaux migrateurs qui reviennent du Sud en criant joyeusement. Mon cœur a fait trois tours; j'ai pris conscience à ce moment-là que j'avais oublié avec le temps de m'émerveiller devant la beauté et la simplicité de la nature. J'ai tourné mon regard vers la cime des arbres et j'ai remarqué tous ces bourgeons qui apparaissaient à une vitesse fulgurante depuis quelques jours. Mes joues ont pris une teinte rosée.

Mon petit cœur, je saisis à l'instant que ma vie vient de reprendre tout son sens! Et cela, parce que j'ai la chance d'être auprès de toi! Laisse-moi te dire, bel amour, qu'être avec toi m'a ouvert les yeux sur ce qui m'entoure. Être avec toi m'a permis de renouer avec le rythme rassurant de la nature. Être avec toi m'a redonné la vie dans toute sa splendeur! En devenant adulte, j'avais perdu ma capacité à prendre le temps de savourer le temps qui passe. Je voulais me tailler une place en ce monde. Je voulais prouver à tout le monde, ainsi qu'à moi-même, que j'étais capable d'accomplir de grandes choses. Est-ce là le but de la vie? Tu dois bien rire sous ta suce. Tu le sais que le bonheur se résume en d'autres mots, n'est-ce pas, mon trésor?

Et c'est dans la simplicité de notre quotidien ensemble que j'ai retrouvé mon essence propre. Mon sang s'est remis à circuler avec vigueur. J'ai été saisie d'une force de vie incroyable! Comme j'étais heureuse!

Ce que d'autres qualifient de sacrifice n'a aucune espèce de valeur à mes yeux maintenant que j'ai goûté aux plaisirs de vivre avec un grand V mon quotidien avec toi. Tu m'as montré que nous avons besoin de si peu de choses pour être heureux!

Tu dors à poings fermés, la suce frétillante à tout moment, complètement abandonné. Si paisible. Te regarder m'apaise et me fait sourire. Je suis en amour avec toi, avec la vie! Tu ouvres les yeux et me fixes. Ai-je crié de joie sans m'en rendre compte? Tu te rendors en tétant.

La simplicité de notre vie à la maison est synonyme de grand bonheur pour moi, pour nous. Être ensemble, découvrir le monde en parcourant les boisés environnants et notre petit jardin, partir à l'aventure ici et nulle part, prendre le temps d'observer ce qui nous entoure nous rend riches! Je trépigne sur place à l'idée de tout te montrer, de te tenir par la main pour partir à l'aventure! Mais je dois attendre un peu; tu n'as que quelques mois.

Rien au grand jamais ne nous fera regretter, à papa et moi, d'avoir pris la décision que je reste avec toi à la maison, petit homme. Pas même cette parenthèse chaotique pour nos finances. Le jour où j'aurai les cheveux blancs, ce qui primera tous mes souvenirs, sera ce goût du bonheur que nous avons développé ensemble, à la maison. Tout simplement.

Je poursuis ma marche en poussant ton gros carrosse tout-terrain avec l'impression de mordre littéralement dans la vie. Et toi tu dors en tétant ta suce. Petit chéri.

Tu me donnes envie de simplicité, mais en même temps, je ne crois pas être faite pour ça, j'aime trop quand ça bouge! Mais une oasis de simplicité de temps à autre, avec les enfants, ça fait drôlement du bien!

Anik

Ces petits moments de pur bonheur sont à la portée de toutes, mère au foyer ou non. Il suffit de s'arrêter quelques instants pour observer la vie à travers les yeux de nos enfants.

Nathalie

Quand je pense à toutes ces fois où je planifie la journée du lendemain au lieu de profiter du moment présent, j'ai mal au cœur.

Julie

Il y a une très jolie phrase en anglais qui dit ceci: «Collect moments, not things.» Tu viens de nous en livrer un bien joli avec ce texte.

Catherine

Sans bouger le petit orteil
Toutes pour une!

Par Catherine

Il y a un plat inconnu dans mon frigo. C'est bizarre. Je connais ma vaisselle par cœur, comme si je l'avais faite, mais ce plat-là, avec son rebord ébréché et ses petites fleurs exotiques: jamais vu.

Il y a quatre jours, je suis partie à l'hôpital pour accoucher et aujourd'hui, je suis devant un plat étranger rempli de quelque chose que je n'ai pas cuisiné. Le pire c'est qu'en examinant le reste de l'étagère, je réalise que je ne reconnais pas non plus les autres contenants! Je referme le frigo pour voir si c'est bien le mien. Un coup d'œil rapide dans la pièce. Je ne rêve pas, c'est bien ma cuisine. J'ouvre le frigo à nouveau. Abracadabra, les plats sont toujours là! Deux pots de soupe aux légumes multicolores, un gâteau au chocolat tout ratatiné, deux pains de viande et... une pointe de pizza desséchée à moitié entamée. Ah! Elle je la reconnais! Elle était ici, le jour de mon départ! C'est mon homme qui l'avait préparée avant de partir pour l'hôpital. Tout va bien, je suis à la bonne place, même si le mystère reste entier. Je crie: «Mon amouuuuuuur! C'est quoi, tous ces plats dans le réfrigérateur?»

Torse gonflé et sourire ravageur, mon grand mâle entre dans la pièce en clamant fièrement:

— C'est moi qui les ai préparés!

(Silence)

— Tu m'crois pas?

(Re-silence)

— OK! C'est Danielle qui les a apportés pendant que tu dormais.

— Hein! Mais c'est adorable!

— Ouais. Un vrai geste de fille.

— Pourquoi tu dis ça? Vous, les hommes, vous ne faites pas ça?

— Si, on s'entraide, mais pas de la même façon.

Sur ces mots, monsieur tourne les talons et file réconforter notre bébé qui gémit au loin. J'en profite pour m'asseoir et me servir une part de gâteau ratatiné. Mes pieds butent sur une, deux… trois boîtes de couches serrées les unes contre les autres sous la table. Juste des tailles 5. Mon homme a dû tomber sur des soldes d'enfer, aucune chance de les utiliser avant deux ans! En les examinant de plus près, je découvre qu'elles sont remplies de vêtements pour bébé.

— Mon amouuuuuuur! À qui sont les vêtements sous la table?

— À nous. Annie les a apportés hier. Ce sont ceux du bébé… de sa sœur, je crois, m'explique-t-il de retour dans la cuisine.

— Patrick?

— La sœur d'Annie s'appelle Patrick?

— Mais non! Annie n'a pas de sœur. Elle a juste un frère!

— Ah, ça me revient. C'est la sœur… de sa voisine.

— Ben voyons! Je ne connais même pas sa voisine!

Au loin, les gémissements reprennent de plus belle. Super papa file à la rescousse pendant que je me hisse sur ma chaise. Songeuse, je regarde… clignoter mon répondeur. Entre ma cousine qui hurle de joie et l'infirmière du CLSC qui veut prendre rendez-vous, j'ai une amie qui me propose de passer garder le bébé si jamais j'ai besoin de dormir.

J'hallucine. Je n'ose pas ouvrir mon garde-manger, j'ai peur d'y trouver ma mère et ma belle-mère en train de ranger mes étagères! J'avale un peu de gâteau, histoire de digérer la situation. Après deux bouchées, j'ai les larmes aux yeux.

Pieds

— Tu manges sans moi! Alors, il est comment ton gâteau de solidarité!

— Mouillé.

— Tu pleures? Il est raté, c'est ça?

— Noooooooon! Je pleure de joie! C'est le gâteau le plus émouvant que j'ai mangé de ma vie!

Je me rappelle avoir ravalé mes sanglots en ouvrant une glacière remplie de sauce à spaghetti et de pâtés maison envoyés par ma mère. Ces petits plats cuisinés avaient fait six heures de route pour parvenir jusqu'à moi. Ils étaient le summum du «comfort food» pour moi.

Julie

J'ai été prise d'une envie aussi subite qu'étrange de faire le plein de plats congelés un mois avant la date de naissance prévue de Mademoiselle 3.2. Le soir même, j'étais à l'hôpital en train de mettre au monde ma petite coquine pressée de sortir.

Nathalie

En ce qui me concerne, toute nourriture que je n'ai pas eu besoin de faire m'émeut toujours... Il n'y a pas que les hommes qu'on puisse avoir par le ventre... ☺

Anik

Chapitre 2

Pied de nez
De folle à maman géniale!

Par Nathalie

Le génie mène parfois à la folie. C'est ce qu'on dit.

Mais la folie peut aussi mener au génie. À la condition *sine qua non* d'être parent. Sinon, vous êtes juste fou à lier.

Ça y est, vous croyez que je suis prise d'une crise de folie. Petites démonstrations.

***

Seul: Vous gambadez dans le parc en chantant à tue-tête une chanson quétaine. Comme si ce n'était pas suffisant, vous faussez à faire souffrir le tympan d'un sourd. Tous les parents, inquiets, partent avec leurs petits en leur disant de ne jamais approcher du monsieur (ou de la madame) bizarre.

Avec enfants qui tapent joyeusement des mains: Les parents admirent votre courage de laisser votre amour-propre de côté pour faire plaisir aux petits. Ils vous confient donc leurs propres enfants, heureux que quelqu'un se charge de l'animation.

***

Seul: Vous faites un gros tas de feuilles mortes à l'automne et vous sautez dedans en riant. Les voisins vous regardent de travers et parions qu'ils vont commencer à fermer leur porte à clé.

Avec enfants: Les voisins lancent un regard attendri à votre petite famille.

***

Deux adultes: Vous construisez un fort de neige et reproduisez la bataille finale de *La guerre des tuques*. Les voisins croient assister à une scène de ménage et se tiennent prêts à faire le 911.

Pieds

Avec enfants: Les voisins trouvent que vous vous donnez beaucoup de mal pour passer du temps de qualité en famille!

***

Seule: Vous tentez tant bien que mal de faire la roue sur la pelouse. Les voisins rient très fort en vous traitant de *has been* de la gymnastique qui refuse de voir la vérité en face.

Avec enfants: Les voisins rient quand même, mais ils admirent vos efforts pour tenter d'enseigner quelque chose aux minis.

***

Seul: Vous discutez très sérieusement avec deux ours en peluche du sort qui sera réservé aux chaussures de Barbie si elle les laisse traîner une fois de plus. On vous demandera de prendre vos médicaments.

Avec enfants: On admire votre imagination et votre créativité!

***

Alors, je l'avoue, je suis folle. Et j'aime ça en plus! Une chance que mes enfants sont là pour me couvrir...

> *Je serais probablement folle à lier sans mon trio aujourd'hui. Quel sens aurais-je donné à ma vie? Je ne peux imaginer ce qu'elle serait sans eux.*
>
> *Julie*

> *C'est exactement pour cette raison que j'ai décidé de faire des enfants. Le docteur m'a expliqué que c'était ça ou l'asile.* ☺
>
> *Catherine*

Ha, ha, ha! Je n'étais peut-être pas assez folle avant: je suis tellement moins coincée depuis que j'ai les enfants.

Valérie

Jambes

Chapitre 3

On tient encore debout et on chemine

Jambe, n. f. (latin *gamba*). Les jambes sont la partie comprise entre le genou et la cheville, mais elles désignent plus souvent le membre inférieur tout entier. Souvent molles après la naissance d'un enfant, elles permettent néanmoins aux parents de rester debout des heures durant. Par la suite, elles courent pendant des années. C'est ce qu'on appelle la version familiale du syndrome des jambes sans repos. Cette dernière entraîne souvent une diminution des parties de jambes en l'air.

Chez les bébés, il faut quelques mois avant qu'ils arrivent à utiliser leurs membres inférieurs comme moyen de locomotion. Chez les petits, les jambes sont fréquemment recouvertes d'ecchymoses ou d'éraflures causées par des maladresses ou des imprudences. À l'adolescence, leurs poils seront rasés ou non en fonction du sexe de l'enfant.

Chapitre 3

Le corps en mouvement
Qui suis-je?

Par Catherine

Assise sur les toilettes, les yeux écarquillés, la bouche ouverte, le cœur battant et la main serrée sur un petit messager en plastique qui bouleverse d'un seul coup le sens de ma vie. *Je suis une femme habitée.*

Debout, je rêve d'être couchée. Couchée, je rêve de me tourner. Tournée, je rêve de voler. Je râle, je ronfle et je me réveille. Je vis au ralenti dans deux mondes parallèles qui vont bientôt se rejoindre. *Je suis une baleine humaine au ventre rond comme un ballon.*

Étendue sur le lit, je pousse, je sue et je mords tout ce qui passe devant ma bouche. Je ris, je pleure, je parle de tout et de rien, je me tais, je donne tout ce que j'ai pour multiplier ma vie dans un cri. (L'infirmière avait hâte que ça finisse!) *Je suis le commencement d'une maman.*

Penchée sur mon bébé, je lui tends un sein, un biberon, une cuillère, un petit pot, de la purée bio, de la viande bouillie, des petits biscuits, des pâtes au beurre, des collations, une boîte à lunch. *Je suis une mère nourricière, un réfrigérateur, une cuisinière.*

Une seule enfant dans ma vie. Pas le temps de me laver, de manger, de ranger, de répondre au téléphone, de faire la vaisselle. Trop de signaux à décoder. Trop de choses à découvrir. *Je suis une jeune maman.*

Trois enfants qui bougent, qui pleurent ou qui rient. Je n'ai peur de rien. Je sers des pâtes à rien, les soirs de grande fatigue. Je dîne avec mes copines, lis mes magazines préférés en sirotant un petit verre pendant que ma marmaille s'éclate dans le jardin. *Je suis une vieille maman!*

L'oreille tendue, j'écoute leurs petits malheurs et grands bonheurs. Je leur murmure des mots d'amour. Je soigne leurs blessures. Je les console. *Je suis un pansement, une infirmière, un docteur et une psychologue sans diplôme.*

Jambes

Je crie: «Ramassez vos jouets!», «Rangez vos souliers qui s'empilent! Vos vêtements qui traînent!», «Fermez les portes!», «Éteignez les lumières!» *Je suis une contrôleuse de bordel. Une usine à slogans!*

De la maison au docteur, du docteur au dentiste, du dentiste à la garderie, de la garderie à l'école, de l'école aux amis, des amis aux activités, des activités à la maison, je roule, je roule et roule encore. *Je suis un taxi.*

À 11 mois, quand il dit: «baba» devant le marchand de légumes, je réponds: «il veut une banane». À 2 ans quand il fait: «OUINNNNNNNNNNN», je dis: «tu t'es roulé par terre en hurlant comme un sauvage parce que la petite fille a pris ton camion, c'est ça?» À 15 ans, quand il murmure «beupfff», je réponds: «effectivement, il n'y a plus rien dans le frigo. Tu as tout mangé!» *Je suis une traductrice hors pair.*

Je transforme leurs larmes en sourire, j'invente mille et une histoires fantastiques sans avoir un seul livre entre les mains et fais disparaître leur bobo en soufflant dessus. Je sais faire parler des jouets la nuit (en marchant dessus!) et leur répondre en gros mots. Je peux faire disparaître mon visage derrière un mouchoir. *Je suis une magicienne.*

Perchée sur mes talons hauts, je fais rouler mes rondeurs à l'intérieur d'une jolie robe. Brosse à cheveux et maquillage. J'essuie discrètement la tache de lait sur mon corsage avant de déposer un baiser sur les lèvres de mon homme. *Je suis une femme fatale. Enfin presque!*

> *Je jongle entre le travail, les enfants et la maison. Je fais le clown pour faire rire les petits et dompte mes élans de surprotection en les regardant jouer aux équilibristes. Je fais mille et une contorsions pour faire le bonheur de tous. Je suis une artiste de cirque.*
>
> Nathalie

> *Je gère deux boulots, la maison, les enfants. Je fais du sport, je prends du temps pour moi. Je me discipline. J'ai confiance en mon autonomie et en la leur. Je suis une mère monoparentale. Je suis une femme. Je suis un modèle pour mes filles (du moins, j'espère!).*
>
> *Anik*

> *Porter tous ces chapeaux, ça fait grandir par en dedans, ça nous rend plus fortes, ça ouvre notre esprit et ça nous flanque aussi un manque de sommeil qui nous poursuit longtemps, longtemps! Mais quelle belle aventure!*
>
> *Manon*

> *Nous sommes les héroïnes de notre propre histoire.*
>
> *Florence-Élyse*

Le cœur a ses raisons
Une nouvelle étape

Par Florence-Élyse

— Èlisssse, regarde, c'est Di-è-gô!

— Diego?

— Oui, Di-è-gô, et Do-wâ!

— Dora?

Il m'a fallu un topo complet pour comprendre que Diego et Dora sont les vedettes d'un dessin animé populaire.

Quelques jours plus tard, en écoutant une amie me vanter de long en large les nombreuses vertus de sa nouvelle et exorbitante poussette pour bébé, je me suis trouvée bien arriérée. Inutile d'interrompre ce monologue, mon cerveau était sans mots devant les progrès ingénieux des compagnies qui se fendent en quatre pour que les mamans puissent comparer leurs poussettes. Au moins, ça alimente les conversations sur un banc de parc pendant que les bambins s'amusent allègrement à comparer leur Sophie-la-Girafe (pour elle non plus, je n'ai toujours pas saisi l'attrait).

Je suis dans un monde secondaire où Justin Bieber nasille partout à l'étage chaque matin d'école. Ici, les deux voitures de la maisonnée sont communément identifiées comme taxis du quartier. Cinq téléphones sont insuffisants pour calmer les ardeurs de nos jacasseuses adolescentes. Nous avons troqué les très beaux films de Disney pour ceux d'horreur, les collections de poupées pour les contacts Facebook et les couches lavables pour... vous savez quoi!

Sans même m'en rendre compte, j'ai suivi une voie qui m'a emmenée très loin de la petite enfance. Et soudainement, un jour de printemps 2009, une secousse fulgurante m'a atteinte dans la voiture. Je me trouvais sur le siège de la passagère et ma fille de 16 ans apprenait à conduire! Je me suis dit que l'époque de l'allaitement, des couches et des «pets de bedaine» était révolue pour moi. Or, j'avais pleine conscience que je savourais une nouvelle ère de ma maternité. Des moments entre filles, entre femmes, où je peux leur ouvrir enfin la porte de mes propres expériences et créer des liens encore plus forts.

Pourtant, quelques printemps et conseils de famille plus tard, nous avons unanimement décidé que ce qui viendrait boucler la boucle de notre famille reconstituée était un bébé! La vie a entendu notre souhait collectif et nous a fait le cadeau d'un poupon à naître au printemps 2012. Le premier garçon de ce que je m'amuse à appeler notre dynastie réédifiée. Un petit bonhomme que la vie offre à un papa et une maman comblés ainsi qu'à trois grandes sœurs impatientes de jouer les mamans.

Vivre une première grossesse à 16 ans et une troisième à 36 ans est pour moi une expérience de vie unique. J'ai l'impression d'écrire ma propre histoire. Une expérience sage, remplie d'amour et de partage. Un projet de famille, mais aussi neuf longs mois à apprécier chaque moment et à suivre chaque étape de cette vie en moi avec passion et amour.

Sous ce corps qui se gonfle de nouveau se cache le plus beau des voyages que nous pouvions nous offrir en tant que famille.

Au fait, Diego et Dora, ce sont deux émissions! ☺

Nathalie

Mes filles ne sont pas ados encore, mais pour moi, il est très clair qu'un autre bébé est hors de question. Je vais savourer leur autonomie grandissante (au même rythme que mes grasses matinées) avec plaisir!

Anik

J'ai aussi une adorable ado qui me parle tout le temps, qui m'embrasse souvent, qui me fait rire, qui m'énerve et que je dois trimballer à gauche et à droite, mais qui s'occupe de son frère et sa sœur quand je disparais mystérieusement dans le fond du jardin pour avoir la paix! Cela dit, si j'avais eu plus d'aide (genre une cuisinière, une femme de ménage, un jardinier et un chauffeur?!), j'aurais adoré en avoir un ou deux de plus.

Catherine

Faire des pieds et des mains
Construire sa famille… sans mode d'emploi

Par Nathalie

Avoir des enfants, c'est un peu comme essayer d'assembler un meuble IKEA sans instructions (ou si peu!). C'est un défi complexe. Se retrouver à travers les explications en douze langues (dont aucune ne semble bien traduite) et tenter de décoder le langage de bébé, c'est du pareil au même. Les plus précautionneux liront d'abord une quantité de livres sur l'ébénisterie. Ils y apprennent un nouveau vocabulaire et quelques trucs, mais c'est en «ébénistant» qu'on devient ébéniste. Et c'est en maternant qu'on devient maman.

Les premières semaines, on passe notre temps à cogner des clous. Parfois, on a l'impression que le manque de sommeil nous rendra marteau. Mais ça s'estompe et on continue de s'émerveiller à chaque progrès.

L'exercice demande de la patience et des ajustements. Il faut serrer la vis suffisamment pour que ça tienne… tout en évitant d'abîmer les pièces. À l'occasion, il faut s'obstiner à frapper sur le même clou. D'autres fois, il faut plutôt apprendre à lâcher le morceau. Certains plans doivent même être redessinés de temps en temps.

Souvent, je me suis torturé l'esprit, incertaine de ce qu'il convenait de faire. Il m'est arrivé de me faire des échardes et de me cogner sur les doigts. Contrairement au géant suédois, j'ai deux modèles tout à fait uniques, si bien que l'expérience gagnée avec le premier n'est pas toujours garante de succès avec le deuxième. Malgré les difficultés, il ne m'est jamais passé par la tête d'accrocher mon marteau.

J'ai parfois fait des erreurs. Un jour, le service à la clientèle devra peut-être composer avec diverses plaintes et réclamations. Je n'aurai alors pour toute défense que la certitude d'avoir fait de mon mieux, d'y avoir mis tout mon cœur et mon énergie. J'ai bon espoir de convaincre les plaignants de ma bonne foi.

Malgré de légers ennuis de chantier de temps à autre, mes minis sont sans aucun doute le plus beau et le plus grand projet de ma vie. Leur «assemblage» n'est pas complété, mais j'ai l'assurance que Papa 3.0 et moi leur avons bâti une fondation solide. C'est un boulot que nous n'avons pas fait seuls. D'autres y ont contribué et ils seront de plus en plus nombreux à y mettre leur touche personnelle au fil des ans. J'espère que personne n'ira faire une coche mal taillée. Nous continuons donc à superviser les travaux de façon rigoureuse.

Je suis émue de voir qu'en grandissant, mes enfants manient de mieux en mieux les outils qui leur permettront de se construire une vie magnifique à la hauteur de leurs attentes. C'est bien là le but ultime de tout ce projet. Mais je ne peux m'empêcher d'avoir le cœur serré en pensant qu'un jour, ils iront meubler de leurs rires et de leur présence chaleureuse une autre maison que la mienne.

Quand je ne serai plus qu'une vieille chose déglinguée ayant besoin d'être rénovée, je regarderai mes albums en me souvenant avec une infinie tendresse de tous ces moments de grande joie qu'ils m'auront apportés. Et je m'endormirai avec cette conviction profonde qu'ils ont donné tout son sens à ma vie.

> «Home Sweet Home!» Tes modèles uniques reviendront toujours crécher chez toi... le temps d'un lunch ou d'une petite brassée. ☺
>
> Julie

> J'ai eu une super idée l'autre soir pour éviter ce moment ultime où la maison se vide: faire d'autres bébés! Mais... mon chum a préféré qu'on investisse dans un cochon d'Inde.
>
> Manon

> À force d'essayer de comprendre les modes d'emploi des autres, j'ai fini par en faire des avions en papier!
>
> Catherine

Courir, grandir et dormir debout
Mais surtout apprendre

Par Manon

Chers petits professeurs,

Je tiens à vous remercier publiquement d'avoir osé me choisir comme élève et d'avoir su m'apprendre avec tant d'entrain et d'amour à grandir en tant que personne.

Vous m'avez enseigné à développer ma patience malgré la privation (parfois cruelle, vous en conviendrez!) de sommeil. Vous m'avez appris l'autodérision en prenant mon ventre mou de maman qui vient d'accoucher pour de la pâte à gâteau (et en jouant avec sans aucune gêne). Vous m'avez montré à exécuter un repas à la vitesse de l'éclair devant vos demandes non négociables (pour ne pas dire vos cris) de petits estomacs affamés. Vous m'avez permis de trouver le piton *on-off* de ma boîte à idées. Maintenant, je suis assez bonne pour mettre mon piton à *on* dès que vous fermez l'œil pour la sieste ou le dodo de la nuit ou encore lorsque vous êtes bien occupés à un jeu. Et je suis capable (je sais, je sais, je dois encore travailler ce point-là!) de mettre mon piton à *off* dès que vous me réclamez ou vous réveillez. Vous m'avez appris à laisser de côté mes vieilles peurs et mes vieilles craintes pour (essayer de) vous laisser faire vos propres expériences et vos erreurs. Merci de me donner quelques chances de ce côté-là à l'examen. C'est une partie qui me demande beaucoup d'efforts, mais grâce à vos remarques non déguisées, j'y arrive assez bien. Vous m'avez appris que le mot *pansement* vient souvent après papa et maman et qu'il n'a pas son égal pour panser les petits et gros bobos. Vous m'avez appris à dire «non», à établir mes limites et surtout, à me remettre constamment en question. Vous m'avez appris à prendre soin de ma ligne en me faisant faire de l'exercice chaque jour en ramassant ce que vous laissez traîner. Mais à ce sujet, je me dois de vous annoncer que je préfère maintenant accuser un échec sur ce point afin d'enfiler mes chaussures de jogging et sortir courir pour atteindre mon objectif de mise en forme.

J'espère que vous comprendrez mon point de vue et m'accompagnerez dans mon cheminement en tant qu'élève. Après tout, j'ai de l'initiative! Et c'est vous qui me l'avez appris! Vous m'avez montré que je suis une véritable magicienne qui a le don de réconforter, de faire mourir dans l'œuf une crise et de faire les meilleurs pâtés chinois en ville (moi qui n'en avais jamais fait avant votre arrivée dans ma vie!). J'ai cependant moins de talent pour faire disparaître la pile de vêtements à laver et celle à plier. Aurai-je quand même une bonne note? Je vous promets en retour de pouvoir utiliser ma peinture de grande ainsi que mes crayons-feutres qui sentent fort. Et qui ne sont pas lavables.

Chers petits professeurs, je vous remercie pour tous ces merveilleux apprentissages. Vous avez fait de moi, et continuez à le faire, une meilleure personne. Je vous en serai éternellement reconnaissante! Sauf peut-être le jour où je réaliserai que vous dormez maintenant jusqu'à midi alors que moi je suis incapable de me lever plus tard que 8 h après toutes ces années où vous m'avez appris à me lever tôt…

Votre élève attitrée,

M

Est-ce que je peux copier sur toi?

Nathalie

Tu as raison, Manon. Nos enfants ont l'art de mettre en lumière des aspects de notre personnalité que nous ignorions. Je ne serais pas la moitié de ce que je suis aujourd'hui sans eux.

Catherine

> J'ai souvent été fière de ce que mes enfants avaient appris grâce à l'environnement que nous leur avons créé, mais j'ai rarement réfléchi à ce que j'ai appris depuis qu'ils sont dans notre vie. Merci pour ce nouvel éclairage.
>
> *Julie*

On pédale
Et même qu'on va vite en titi

Par Valérie

J'ai trois petites tornades dans la maison qui ne manquent pas une occasion de faire le désordre dès qu'on a le dos tourné.

Les vôtres ont sûrement des idées, classiques ou saugrenues, comme celles-ci:

- On fait une cabane avec les draps, les couvertures, les oreillers et tout ce qu'on trouve.

- On se met tout nu… et on lance les vêtements n'importe où!

- On part en vacances! On remplit nos valises en y jetant pêle-mêle tous les vêtements propres et sales disponibles.

- On va à la plage! Pour ce faire, on dévalise la lingerie et on dispose les serviettes un peu partout dans la maison, dans la cour, dans la terre du jardin, la bouette, alouette.

- On va au restaurant et on sert de la soupe à saveur «eau de l'évier».

Parfois, les jeux de mes enfants m'épuisent et je me sens complètement démunie devant leur énergie chaotique. L'autre jour, devant leur dernier désastre, mon chum et moi devisions:

Chapitre 3

Valérie — Tu te souviens quand on n'avait pas d'enfants et qu'on avait du mal à garder notre logement en ordre?

Yves — C'est fou! Tu te rends compte de l'appart d'enfer qu'on aurait eu si on avait mis juste la moitié de l'énergie qu'on met maintenant sur le ramassage et le ménage? C'est juste plate que ça ne paraisse pas.

Valérie — En tout cas, quand on va être vieux et qu'on n'aura plus d'enfants à la maison, tu peux être sûr que ça va briller de partout!

De l'extérieur, avoir quatre enfants, ça peut paraître une montagne de travail, perception qui se traduit souvent par cette question: «Mais comment vous faites?»

Parfois, je me le demande aussi. Comme je me demande d'ailleurs comment font les marathoniens, tellement ça me semble surhumain de courir pendant autant de kilomètres. En fait, ce n'est pas sorcier: comme dans presque tout, on y arrive en prenant des petites bouchées et en s'entraînant.

Et ce qu'il y a de bien, avec les enfants, c'est qu'ils nous entraînent malgré nous, et les tâches qu'on trouvait difficiles au début deviennent ridiculement faciles à la longue. C'est ainsi que les petits, en nous imposant leur chaos, nous ont rendu le ménage dit «ordinaire» plutôt facile. Même chose pour l'organisation, la bouffe, la patience, la discipline (quoique, la discipline, des fois…).

C'est vrai qu'il m'arrive de frapper un mur. Il m'arrive d'en avoir marre, mais vraiment marre du désordre, de répéter les règles à table, d'organiser toute la maisonnée juste pour une petite promenade d'après-midi, mais, tout d'un coup, un «deuxième souffle» surgit et me redonne la vitalité pour continuer.

Les enfants sont nos meilleurs entraîneurs pour la vie. En nous poussant constamment au bout de nous-mêmes, ils nous obligent, d'une part, à devenir de meilleurs parents, mais aussi à devenir de meilleures personnes en général.

Jambes

Le deuxième souffle... c'est vrai qu'il tarde parfois à venir, mais on apprécie toujours de le retrouver!

Julie

Les coureurs connaissent bien le second souffle, celui qui permet de continuer quand on croit ne plus avoir de jambes. Je me demande si la même hormone est en cause avec les enfants. ☺

Nathalie

Idem ici. Je suis hyper organisée, je ramasse tout, je me tanne, je baisse les bras, je néglige, je saute une coche et je fais un méga ménage. Épuisant. Pourquoi n'ai-je jamais pensé à niveler le tout? Ça serait peut-être moins épuisant? Ha ha ha! Laissez-moi rire...

Manon

Pas d'humeur à rire
Un répit, SVP!

Par Catherine

Quand...

* le chaos envahit ma maison;

* mes enfants crient et se disputent pour des niaiseries;

* les souliers sont tout mélangés.

Quand...

* le linge refuse de se laver, de se sécher, de se plier et de se ranger tout seul;

* les télécommandes jouent à cache-cache sans ma permission;

- mes enfants transforment ma chambre en château fort assiégé par une armée de «coussins manzeurs de bonshommes pas zentils».

Quand...

- les chaussettes de mon homme se prennent pour la tour de Pise en s'empilant les unes sur les autres au pied de notre lit;

- le frigo est (presque) vide parce que quelqu'un quelque part dans ma maison (genre moi) a oublié de faire les courses;

- le téléphone n'arrête pas de sonner.

Quand tout le monde a besoin de moi là, tout de suite, maintenant, immédiatement pour une réclamation, une collation, une question, un bobo, un chagrin, un câlin, une injustice.

Quand les secondes deviennent anarchiques, les minutes hystériques, et les heures psychédéliques...

ET QUE TOUT CELA ARRIVE EN MÊME TEMPS!

Je m'enferme dans la salle de bain (le seul endroit avec une serrure) et je lis mon catalogue IKEA. Ne vous moquez pas. En ce moment, en cas de crise, l'effet sur moi est saisissant. Ça me calme le pompon instantanément. Feuilleter les pages et regarder défiler des pièces vivantes et bien rangées, admirer les petites boîtes empilées, les tiroirs organisés, les cuisines dégagées, le bordel contrôlé, voilà un fantasme organisationnel qui met aussitôt de l'ordre dans le chaos de mes cellules embrouillées. Hier, c'était un bon bain chaud; aujourd'hui c'est ça; demain ce sera peut-être l'ascension du Kilimandjaro. Qui sait? Chacun son truc!

Contente-toi du catalogue. Il me semble avoir déjà lu quelque part que la trop grande perfection des «décors» dans les magasins IKEA engendrait beaucoup de chicanes de couple. ☺

Nathalie

> Je suis tellement heureuse de savoir que je ne suis pas la seule à faire cela! Tiens, nous pourrions partager nos catalogues IKEA? J'en ai des vintages qui datent des années 90! Très peu regardés puisque je n'avais pas encore d'enfants à l'époque!
>
> Manon

> Qu'est-ce que de banales miettes sous la table, des mitaines perdues et des verres de lait renversés à côté d'un bon livre de recettes, une tasse de thé ou une grille de sudoku?
>
> Julie

Debout, aux premières loges
L'école de la vie

Par Manon

Ma vie se transforme doucement. Nous n'avons plus de bébé aux couches à la maison. Nos enfants ont aujourd'hui huit ans, cinq ans et demi et trois ans. J'ai transformé le sac à couches en sac de sport (bien heureuse de ne pas avoir le modèle Winnie the Pooh!). Je peux travailler dehors à arracher des mauvaises herbes et mettre du paillis tandis que mes trois mousquetaires jouent ensemble autour de moi. Je suis heureuse. Cette nouvelle liberté que j'apprivoise me laisse un peu plus d'espace pour prendre du recul et observer les enfants vivre. J'apprécie.

À quatre pattes, le nez dans les plantes et les mauvaises herbes, je les espionne. Ils se sont inventé des cachettes sous les arbres et dans les hautes herbes. Ils ont pris une feuille d'hosta géante en guise de téléphone et une branche pour détruire à distance l'ennemi. Ils laissent aller leur imagination. Je savoure.

Je continue à désherber et à me promener avec la brouette pleine de paillis. Je me sens tellement vivante!

Ma petite essaie de grimper sur la grosse roche pour rejoindre un de ses frères, mais en vain. Bien entendu, on m'appelle à l'aide. Je me redresse, balaie une mèche de cheveux devant mes yeux en laissant une trace de terre sur mon front et je leur souris. Non, maman ne viendra pas vous aider. Ma petite O, si tu es assez grande pour monter sur cette grosse roche, tu trouveras un moyen d'y arriver. Tu peux demander l'aide de G, sinon, tu devras patienter jusqu'au temps où tu seras assez grande pour le faire seule. Et voilà. Son frère tente de la hisser au sommet. En vain. Il descend de la roche pour tenter de la soulever en poussant sur son popotin. Sans succès. Je me mords les joues pour ne pas rire. Et soudain, ils disparaissent. Je continue à travailler quand tout à coup je les vois revenir avec un petit banc. Ma petite O grimpe sur le banc, son grand frère tente à nouveau de la hisser, de la pousser. Mais *niet*. Rien n'y fait. Et je ne bouge pas. J'observe. Malgré sa déception, ma belle O se rend à l'évidence, elle devra attendre encore un peu avant d'être assez grande pour aller profiter de la vie du haut de cette belle grosse roche! Mais mon cœur de maman sait que lorsque ce moment sera venu, cette réussite sera encore plus savoureuse! Je le sais parce qu'avant elle, ses frères sont passés par la même école de la vie…

Je me redresse et repars avec ma brouette pour aller chercher du paillis. Leur jeu s'est modifié et se transporte jusqu'au hamac. Et ensemble, tous les trois, ils jouent aux pirates à bord de leur navire multicolore. Et moi, je déplace mon terrain de jeu près d'eux. Après tout, je ne veux rien manquer du spectacle!

Je savoure, je déguste et je profite de ces moments à moi tout en étant aux premières loges…

> J'ai acheté mes billets de saison pour (au moins!) les quinze prochaines années!
>
> Nathalie

> À 37 ans, je savoure encore tous les petits moments qui deviennent grands comme lorsque mon fils d'un an s'applique à manger seul, observe des images dans un livre ou pointe papa pour la première fois. Ça ne s'arrête jamais.
>
> Florence-Élyse

> Il m'arrive de surprendre mes enfants à faire quelque chose de mignon et de claquer des doigts pour que mon chum vienne les espionner avec moi. Parfois, je m'approche en secret avec mon appareil-photo: sourire assuré lorsque je fais le ménage de mes clichés!
>
> Julie

Croc-en-jambe
Marketing post-partum

Par Valérie

Je reçois un coup de téléphone, deux ou trois mois après la naissance de l'Ingénieur.

Représentante — Bonjour, madame, je vous appelle des Éditions «Patente», je crois que vous avez eu un bébé dernièrement?

Valérie, naïve, qui se demande tout de même comment la dame a eu cette information — En effet.

Représentante — Vous savez, n'est-ce pas, à quel point il est important de lire des histoires aux enfants pour favoriser leur développement cognitif et augmenter leur facilité en lecture plus tard?

Valérie, prudente — Oui, merci, je suis au courant.

Représentante — Nous avons justement une collection parfaitement adaptée aux bébés de moins de 6 mois. Si vous êtes d'accord, je vous envoie un livre gratuitement, ainsi que deux autres que vous nous paierez seulement si vous désirez les garder. S'ils ne vous intéressent pas, vous n'avez qu'à les retourner par la poste.

Valérie, qui n'aime pas particulièrement les Éditions «Patente», et encore moins ce type de promotion — Euh, non, merci.

Représentante — Vous ne voulez pas lire de livre à votre bébé?

Valérie — Bien sûr que je veux lui en lire! (Zut! exactement ce qu'elle voulait que je réponde.)

Représentante — Dans ce cas, je vais prendre votre adresse pour vous envoyer un magnifique exemplaire de notre collection.

Heureusement, à force d'arguments, j'ai réussi à me débarrasser de ma représentante sans avoir à profiter de son extraordinaire promotion. Lorsque Souriceau est né, j'ai eu le même genre d'appel, que j'ai toutefois traité avec un peu plus de fermeté, l'expérience aidant. Mais lorsque j'en ai reçu un troisième, juste après la naissance de Douce, j'avais eu le temps de préparer une petite riposte.

Représentante — Vous savez, n'est-ce pas, à quel point il est important de lire des histoires aux enfants bla-bla-bla?

Valérie, d'un ton renfrogné — Ouais, j'en ai entendu parler.

Représentante — J'ai justement une belle collection de livres pour bébés bla-bla-bla...

Valérie — Si on avait des livres, je serais pognée pour lire des histoires...

Représentante — Mais, madame, c'est très important pour leur développement.

Valérie — C'est ben beau leur développement, mais j'ai autre chose de plus intéressant à faire dans la vie que de lire des histoires, moi!

Jambes

Représentante, outrée — Vous ne voulez par faire un petit effort pour le bien de vos enfants?

Valérie — Mes enfants, ils écoutent la télé et ils aiment ben ça. Je ne vois pas pourquoi je leur achèterais des livres.

Représentante — Ah, ben, c'est comme vous voulez... Au revoir.

Comme quoi, avoir plusieurs enfants, ça peut aider dans toutes les sphères de la vie... Et ma représentante, qui aurait manqué sa vente de toute façon, a au moins eu quelque chose à raconter à ses collègues ce soir-là.

Et à la représentante de la Fondation Machin offrant des régimes enregistrés d'épargne-études? Ils passent leur journée devant la télé, je ne vois pas ce qu'ils pourraient apprendre de plus à l'université!

Nathalie

Tu es patiente. Moi, je me contente de dire une seule phrase aux représentants téléphoniques, dont ma préférée pour les abonnements aux journaux: «Je ne les lis jamais, c'est trop déprimant!» et je raccroche tout bonnement.

Anik

Maintenant que j'ai ma petite entreprise, j'ai trouvé le moyen d'inverser les rôles. Lorsqu'ils m'appellent, j'essaie de les solliciter!

Florence-Élyse

Bouche

Chapitre 4
Mieux vaut en rire

Bouche, n. f. (latin *bucca*). Ouverture permettant l'ingestion d'aliments, elle est aussi le siège du (bon ou mauvais) goût. La langue contribue largement à la phonation et permet d'exprimer les hauts et les bas de la vie. On suggère généralement de la tourner sept fois avant d'exprimer un désaccord. Il est conseillé de l'utiliser quotidiennement à des fins de communication et d'autodérision. Selon le contexte, elle permet de rire jaune ou à s'en décrocher la mâchoire.

Les enfants mettent de nombreux mois à maîtriser le langage et une fois que c'est fait, on peine souvent à les faire taire. Les dents ont pour tâche de réduire en morceaux les aliments (et parfois quelques illusions). L'atteinte d'une denture complète est souvent accompagnée de pleurs chez le bambin et d'insomnie chez le parent. Il est alors conseillé de prendre son mal en patience, car la vérité sort de cet orifice, en particulier chez les enfants.

Chapitre 4

Une dent contre maman
Plainte officielle

Par Julie

Maman,

Je me fais la porte-parole de ma sœur et de mon frère cadets pour te faire part de certaines récriminations. Nous en avons discuté au dernier Conseil des enfants tenu secrètement dans ma garde-robe. À l'unanimité, il a été décrété que:

- Frérot est maintenant assez mature pour ouvrir quand bon lui semble la porte du réfrigérateur. À 26 mois (quand même!), il peut grignoter au gré de ses petites envies. Inutile de t'asseoir devant le frigo pour l'en empêcher, il fera une crise et ces émotions fortes sont néfastes pour son développement. Aussi, j'ai mené ma petite enquête: aucun de nous n'est importuné par les emporte-pièces et les couvercles en plastique qu'il disperse partout dans la maison. Autant te faire une raison et cesser de le réprimander à ce sujet.

- PetiteSoeur n'en peut plus: il faut que tu arrêtes de lui tirer les cheveux quand tu la coiffes le matin. Ça lui fait mal et ça l'empêche de bien se concentrer pour sa partie de basketball à la Wii. Aussi, quand tu lui mets du *poush poush* pour ses couettes rebelles, ça éclabousse dans ses lunettes. C'est inacceptable. De plus, elle t'a maintes fois envoyé un message clair: il ne faut pas éteindre complètement la lumière de sa chambre pour la nuit. Ses expérimentations ont démontré que les «monstres de rêves» viennent plus fréquemment la visiter dans l'obscurité. Enfin, elle aimerait apposer son droit de veto à ta décision de lui faire prendre une douche quotidienne. Cette activité prend une place trop importante dans notre vie. Une fois par jour, c'est beaucoup trop.

- Pour ma part, bien qu'elles soient nécessaires à mon équilibre émotionnel, mes demandes sont peu nombreuses. J'exige que les pâtes alimentaires longues, de type spaghetti, soient bannies de notre régime alimentaire.

Les courtes, comme les macaronis, ont bien meilleur goût. À ce sujet, nous trouvons que les pâtes reviennent trop souvent au menu. PetiteSoeur ajoute qu'elle n'acceptera désormais que de manger ses nouilles «avec pas de sauce dessus». Enfin, je sais très bien que mes œuvres d'art finissent à la récupération après un séjour plus ou moins long dans «le tiroir des beaux dessins». J'exige un meilleur traitement pour elles.

Pour toutes ces omissions et injustices, nous demandons réparation. Des bonbons, des histoires et des soirées cinéma-pyjama nous transporteraient au 7e ciel.

Signé en ce 13e jour de janvier 2011,

GrandeSoeur, PetiteSoeur et Frérot

***

Mes chers amours,

J'espère que vous trouverez cette missive à travers toutes les babioles éparpillées dans vos chambres. J'espère aussi que vous n'aurez pas de mal à lire mon écriture. Après la 77e boîte à lunch de l'année, la routine du dodo et la tentative d'immobilisation de Frérot pour asperger ses vertes narines de solution saline, je suis épuisée.

J'accuse réception de vos demandes. Elles seront traitées dans un délai raisonnable, soit d'ici votre majorité.

J'en profite pour vous faire la bise sur ce papier. Ainsi, vous ne vous plaindrez pas que mon bisou est trop mouillé.

Je vous aime et je plaide coupable de tout faire cela pour votre bien,

Maman

P.-S. Ce n'est pas une bonne idée d'appeler le 911 pour ces «mauvais» traitements. La police viendrait me chercher pour me mettre en prison. Vous devrez alors vous border tout seuls.

Je crois que tu devrais bien t'en tirer. Ils n'ont mis ni la Direction de la protection de la jeunesse ni le ministère de la Famille ni l'Office de protection du consommateur en copie conforme. ☺

Nathalie

Ah, les foutues pâtes sans sauce, les cheveux qui tirent, la fameuse porte ouverte pour laisser un peu de lumière la nuit, les razzias dans le frigo... C'est à croire que les enfants reçoivent une formation secrète pour nous taper sur le système avec tout cela... Ont-ils tous une «maîtrise ès revendication»?

Anik

Mes enfants font partie de la même association. Moi, je dis: formons un syndicat! Vous embarquez?

Manon

Tourner la langue sept fois avant... d'agir
L'hyperparent, vous connaissez?

Par Nathalie

On a toutes, tapie dans un coin du cerveau, une maman un peu... intense. Celle qui veut le mieux pour son enfant et qui oublie que le mieux est parfois l'ennemi du bien. Ce jour-là, un simple commentaire l'a fait bondir hors de son trou.

Éducatrice — Habituellement, je ne dis pas ça aux parents, mais Fiston 3.1 a une excellente oreille musicale. Il se démarque vraiment des autres. Vous n'avez jamais pensé lui faire suivre des cours de piano?

Maman 3.0, flattée — J'ai effectivement remarqué qu'il adore la musique. Il en écoute beaucoup à la maison et notre discothèque est plutôt bien garnie.

Mais je ne suis pas sûre que sa motricité fine soit suffisamment développée pour jouer du piano… Non?

Éducatrice — Ça contribuerait sûrement à l'améliorer. Faire de la musique aide aussi plusieurs autres sphères du développement. Parmi les gens qui ont de grandes carrières comme les médecins, les avocats ou les ingénieurs, plusieurs ont joué d'un instrument dans leur enfance.

La perspective était attrayante. À cet instant précis, l'idée que plein de gens nuls aient aussi joué du piano ne m'a pas effleuré l'esprit. Gonflée à bloc, j'ai abordé la question avec Fiston 3.1 une fois à la maison.

Maman 3.0, enthousiaste — Chéri, l'éducatrice et moi trouvons que tu es excellent en musique.

Fiston 3.1, pas modeste du tout — Oui, c'est vrai que je suis très bon.

Maman 3.0 — Tu n'aimerais pas jouer d'un instrument? Tu pourrais suivre des cours de piano.

Fiston 3.1 — Non, je veux jouer de la guitare.

Maman 3.0 — Tu es encore petit pour la guitare. Tu pourrais commencer par le piano, pour apprendre les notes et plus tard, tu pourras jouer de la guitare.

Rien à faire, il a refusé. J'ai laissé passer un peu de temps, j'ai essayé de l'intéresser à un clavier jouet, je lui ai même fait écouter des disques de piano. Sa réponse était toujours la même: non.

Hypermaman et Maman terre à terre, colocataires dans ma boîte crânienne, se sont obstinées un peu.

Hypermaman — On n'a qu'à l'inscrire, une fois devant le piano, il va s'amuser comme un petit fou.

Maman terre à terre — Non, mais tu rêves, là! Tu penses qu'on va le traîner à un cours de force et qu'il va s'amuser?

Hypermaman — Il va y prendre goût. Tu ne vas pas laisser dormir son talent comme ça? Il faut le stimuler!

Maman terre à terre — Il aura toute la vie pour jouer de la musique. Pourquoi le forcer à commencer maintenant?

Hypermaman — As-tu oublié? Les études disent que TOUT se joue avant cinq ans! Et des études montrent que jouer de la musique, c'est bon pour PLUSIEURS sphères du développement.

Maman terre à terre — Et des études disent aussi qu'à trop pousser un enfant, on obtient souvent l'effet inverse: il développe une aversion!

Sans surprise, Maman terre à terre a gagné.

N'empêche que je viens peut-être de priver la société d'un médecin, d'un avocat, d'un ingénieur... ou d'un enfant qui déteste le piano!

Une éducatrice a déjà écrit à notre intention «GrandeSoeur a beaucoup de rythmes!». Avec un «S», s'il vous plaît! Si ce n'est pas du talent ça pour la société de demain, je me demande bien ce que c'est!

Julie

rire Je suis rassurée. Je ne suis pas seule à jongler avec ce dialogue interne! Nous avons beaucoup de plaisir à discuter moi et moi! Oufff!

Manon

Un petit goût de revenez-y!
Un matelas au cœur de la résolution de conflits?

Par Anik

Je suis fille unique... avec toutes les fantastiques caractéristiques qui viennent avec cet état. Je suis égocentrique: je crois que ma planète est au centre de l'univers et que le Soleil tourne autour. Qui plus est, je n'ai pas encore rencontré le Copernic qui me convaincra du contraire. Je suis égoïste et je ne partage pas aisément, surtout quand il s'agit de nourriture. Je vais jusqu'à cacher mes croustilles pour une consommation nocturne afin que mes filles ne fassent pas descendre dramatiquement mes stocks. Dans une autre vie, j'ai dû vivre la famine en Irlande et développer une relation bizarre avec les pommes de terre.

N'avoir eu ni frères ni sœurs a fait de moi quelqu'un qui supporte mal les conflits entre enfants. Pourquoi? Parce que quand j'étais petite, je ne me chicanais avec personne. En fait, ma principale partenaire de jeu était Anik 2, une relique de moi vraiment nulle dans tous les jeux de société – et contre qui je gagnais toujours. Pas d'autre choix: à l'époque, se sentir coupable de ne pas jouer avec son enfant n'était pas à la mode chez les parents.

Enfin, j'ai eu un véritable choc en constatant que trois enfants génèrent une dose quotidienne de disputes qui dépassait mes pires prédictions. Malgré une vaste maison, mes filles trouvent le moyen de toujours se tenir dans le même mètre carré, qui s'avère souvent être celui juste à côté de mon mètre carré personnel. Et là, l'orage éclate!

— Maman, elle m'a regardée! hurle la première.

— Bien, si tu ne l'avais pas regardée toi-même, tu ne l'aurais pas su!

— Maman, elle a mangé mes frites! s'indigne une autre.

— Bien, si tu les avais mangées plus vite et que tu ne t'étais pas levée de table sans raison, ça ne serait pas arrivé!

Chapitre 4

Vous comprendrez que la gestion de conflits n'est guère mon principal talent. Parlez-moi de vrais problèmes: ne pas trouver une superbe petite robe en solde à sa taille pendant votre unique séance de magasinage de la saison, manquer de crème fouettée pour orner son café du matin... Non, mais sans blague, pour moi, les problèmes d'enfants, ce n'est pas sérieux.

Enfin, la pédagogue en moi s'est dit que je devais trouver un moyen de cultiver les relations entre mes filles pour que le nombre de conflits diminue.

Marginale dans l'âme, j'ai voulu créer une occasion unique pour mes filles d'entrer en relation les unes avec les autres. C'est ainsi que mes deux chambres d'enfants comportent deux ou trois lits chacune, pour trois ou quatre enfants, selon la semaine. Mais là n'est pas la seule particularité à noter. Mes enfants peuvent choisir leur lit chaque soir. Plus de chambre attitrée! Je m'attendais à ce que l'une de mes filles veuille en profiter pour avoir la paix. Mais elles dorment souvent les trois ensemble! C'est cela, resserrer des liens!

Je ne sais trop combien de temps durera cet amour filial. Cependant, ça fait six mois que le concept perdure à la maison dans l'harmonie. Je trouve ça beau à voir. Je n'ai pas eu la chance d'avoir un frère ou une sœur et je me plais à penser que mon trio saura ce que c'est que l'amour fraternel. Mes enfants sauront ce qu'est la souplesse et, malgré les conflits qui peuvent sévir, elles auront cette capacité de négocier et de s'entendre quand il le faut, le temps d'une nuit... le temps d'une vie!

S'aimer, se disputer pour mieux se réconcilier. Les miens sont pareils. Apprendre à vivre avec quelqu'un prend du temps, mais cela en vaut la chandelle.

Catherine

Les miens aimaient tellement ça «dormir» dans la même pièce que j'ai fini par faire une autre chambre au sous-sol pour obtenir un peu de calme!

Nathalie

Chez nous, la résolution de conflits, tant que ça demeure banal, c'est leur responsabilité. Mes filles savent qu'elles peuvent s'engueuler de manière constructive sans jamais en venir aux coups. Je vous jure que depuis quelques années, elles ont développé le sens créatif et ingénieux de l'argumentation. Parfois, je remarque même qu'elles évitent les accrochages tout simplement inutiles.

Florence-Élyse

Ne pas avoir la langue dans sa poche
Ma mère, mon modèle?

Par Catherine

Je suis une très mauvaise fille. Je n'ai pas suivi les traces de ma maman. J'ai allaité mes enfants alors qu'elle m'a nourrie au lait en poudre comme presque toutes les femmes de sa génération. À l'époque, personne ne le faisait. C'était mal vu. On croyait que le lait maternisé était bien meilleur pour la santé des bébés. Cachez ce sein que je ne saurai voir! Aujourd'hui, c'est le contraire.

Ma mère a réagi en disant: «Pourquoi pas? Les temps changent, c'est bien.» Et elle m'a aidée à choisir un soutien-gorge d'allaitement.

Lorsque ma première fille a pointé le bout de son nez et qu'elle s'est mise à pleurer de faim, de froid ou de peur, ma maman m'a chuchoté: «Fais attention! Ne la prends pas trop dans tes bras, sinon tu vas en faire une petite capricieuse.» Je l'ai écoutée un peu, beaucoup, et plus du tout. J'ai gardé mon bébé collé, au chaud contre moi, pour qu'il se sente bien. Des années plus tard, à la naissance de mon fils, ma mère le berçait sans raison particulière et m'a dit: «Ils sont heureux, tes petits. Les temps changent. C'est mieux.»

Mais quand j'ai couché mon dernier bébé sur le dos, ma maman m'a mentionné «qu'il serait bien mieux sur le ventre». Quand j'ai refusé de lui donner des céréales à quatre mois, elle s'est énervée. «Tu vois bien qu'elle a faim! Elle dormirait mieux si tu lui en donnais.» Quand je lui ai expliqué que les opinions sur le sujet n'étaient plus ce qu'elles étaient, elle a insisté. «Ça ne t'a pas tué, toi! À t'entendre, j'ai l'impression d'avoir été une mauvaise mère!»

Alors, j'ai pris la main de cette femme qui m'a guidée et me guide encore, du mieux qu'elle peut au rythme de sa vie, pour lui dire ceci: «Petite maman, je suis et je resterai ton enfant à jamais, mais je n'en suis plus une. Tu peux me montrer tous les chemins que tu voudras, je les suivrai peut-être ou peut-être pas! La vie m'a transformée en mère avec des idées et des gestes différents, malgré toi et malgré toutes ces voix et théories qui tourbillonnent autour de moi. J'en prends et j'en laisse beaucoup. Avec le temps, j'ai appris à respecter mon instinct et à comprendre quelle maman je veux être pour mes enfants et cela n'a aucun rapport avec la couleur de leur brosse à dents. Ce sont des détails dont tu ne devrais pas te soucier. L'essentiel est ailleurs et c'est toi qui me l'as appris. J'aime mes enfants autant que tu m'as aimée. Sur ce point-là, je suis exactement comme toi. D'ailleurs, pour cet amour que tu m'as donné et qui rebondit aujourd'hui sur mes enfants, je te dis merci. Le reste fait partie de l'évolution. Si ça se trouve, dans dix ans, mes enfants feront dormir les leurs en apesanteur dans un pyjama thermique qui sentira le liquide amniotique!»

Par un bel après-midi ensoleillé, ma mère a lâché un gros «beurk!» et on a bien rigolé!

Ne rigole pas trop vite. J'ai lu un article très sérieux sur la possibilité que des bébés se développent dans un utérus artificiel d'ici quelques années. Si j'étais toi, je ferais breveter dès maintenant l'idée du pyjama thermique à odeur de liquide amniotique!

Nathalie

C'est la beauté d'avoir une mère à 250 km de chez soi... Elle ne peut pas garder, mais elle ne peut pas critiquer non plus!

Anik

Quand on devient maman, on se retrouve aussi avec sa propre mère en situation d'apprentissage! Apprendre à devenir une Mamie, ce n'est pas toujours facile! Mais quand on est capable de se parler et d'en rire, c'est drôlement enrichissant!

Manon

La vérité sort toujours de la bouche des mamans
S'offrir une petite pause

Par Valérie

Prenons une matinée où Maman, se sentant en forme, décide de traîner toute sa bande à la bibliothèque du centre-ville. Maman, hyper motivée, décide même d'y aller en autobus, «parce que les enfants trouvent ça plus amusant».

Il s'agit vraiment d'une bonne journée pour Maman, car elle ne s'énerve pas le moins du monde quand, à l'arrivée à la bibliothèque, Mimi pique une crisette pour une vague histoire d'habit de neige à enlever: «Bah, s'il fallait s'en faire chaque fois que le "terrible deux ans" se montre le bout du nez, on n'aurait pas fini!»

Par la suite, c'est à peine si Maman soupire quand, une fois tout le monde confortablement installé, Douce lui annonce qu'elle a besoin d'aller à la salle de bain. Allez, hop: «C'est ça la vie avec des enfants!» Maman se donne une petite dose de pep et trimbale son petit monde aux toilettes dans la bonne humeur.

Quand c'est l'heure de partir, Maman s'aperçoit qu'elle n'a pas eu le temps d'aller à l'étage chercher des livres pour elle-même: «Qu'à cela ne tienne, je lirai les bandes dessinées de l'Ingénieur cette semaine.»

Maman, toujours bien lunée, garde le moral quand sa famille manque l'autobus du retour: «Bah, on va en prendre un autre. On va avoir à marcher un peu plus longtemps, ce n'en sera que meilleur pour la forme.»

Et, un peu plus tard, alors que la balade santé menace de s'éterniser, Maman propose de couper le trajet pour reposer les petites jambes fatiguées: «Les enfants, qu'est-ce que vous diriez d'aller au restaurant?»

Bien entendu, Maman doit esquiver quelques demandes farfelues des enfants concernant le menu:

Les enfants — Est-ce qu'on peut avoir des chips?

Maman — Non.

Les enfants — Ooooh! Pourquoi tu ne veux jamais?

Maman — Parce que ce n'est pas bon pour la santé, point.

Après quelques bougonnements de circonstance, les enfants choisissent de bons aliments nourrissants, mais ne les mangent pas, ce qui fait qu'ils terminent leur repas bien avant Maman et se mettent à s'agiter sur leur chaise. Une pensée fugitive traverse alors l'esprit de Maman. «Dommage, je n'aurai pas le temps de prendre un café avant de partir...» Maman essaie de rester positive. «Bah, j'en prendrai un à la maison...»

L'Ingénieur commence à mettre son manteau pendant que Maman tente de chasser le goût de la boisson chaude de sa tête.

Bouche

Et puis, tiens, elle essaie un truc:

Maman — Dites donc, les enfants, on peut attendre un peu avant de partir? Je prendrais bien un café...

Les enfants — Ah non! On est prêts à partir, nous!

Déception.

Mais, non, zut! Ce n'est pas juste! Elle le veut, ce café! Et Maman entre ensuite dans un état de vague révolte. «Non mais, c'est pas possible d'être prise comme ça. Quand on ne peut même pas s'arrêter prendre un café dans un resto sans se faire bousculer de partout, c'est la galère! Non mais!»

Mais, comme il faut casser les ondes négatives le plus vite possible, Maman se ressaisit et lance aux enfants:

Maman — Un sac de chips avant de partir, ça vous dit?

Les enfants — Ouiiiiiiiii!

Et un café de gagné! Qui a dit que la vie avec les enfants était remplie de sacrifices?

> *Je te trouve très courageuse d'aller seule au resto avec ton quatuor! De mon côté, je trouve plus zen de ramener du lunch à la maison. Il me semble que je digère mieux.* 😋
>
> *Julie*

> *Moralité: buvons notre café au détriment de leur santé! Ah ben, bravo!* ☺
>
> *Catherine*

> *Des chips, c'est une portion de légumes, non?*
>
> *Nathalie*

Chapitre 4

811: Rire jaune
ou le fabuleux destin d'un corps alimentaire introduit dans le mauvais orifice

Par Julie

Mes filles ont arrêté de rire de la bourde de Frérot seulement quand j'ai pris le combiné. Moi, j'avais les yeux ronds comme le mystérieux disparu. J'ai composé le court numéro. J'étais tout sauf une mère calme.

Une voix anonyme, répondant enfin — Bonjour. Ici Madame..., infirmière. Comment puis-je vous aider?

Julie, optant pour la formule générale — Madame, j'ai besoin d'une information...

Infirmière — Je vous écoute.

Julie, ne sachant par où commencer — Bien... C'est au sujet de mon fils de deux ans et demi. Nous étions tous à table en train de manger quand il a dit: «Maman, pique dans "nez".»

Infirmière, prudente — Oh...

Julie, espérant que le ridicule ne la tuera pas — Je me suis approchée et j'ai observé. J'ai vite réalisé que mon fils avait jugé divertissant de se rentrer un petit pois dans le nez.

Infirmière, souriant probablement à pleines dents en raison d'un sentiment de déjà-vu — On parle d'un corps alimentaire?

Julie, connaissant peu ce synonyme pour les légumes verts qui ornent les «hot chicken» — Euh... oui.

Infirmière, faisant cliqueter son clavier — Un corps alimentaire mou. On ne parle pas d'un pois sec?

Julie, sourcillant malgré la panique — Euh, non, heureusement!

Infirmière, enchaînant sur les questions d'usage — Votre fils est-il en détresse respiratoire?

Julie, désemparée — Non. Il écoute en ce moment *Les Télétubbies*. Voyez-vous, PapaZen est en voyage toute la semaine. Quand j'ai vu que le petit pois n'était pas creux, mais très creux, je me suis dit que ma meilleure option était d'aller chercher de l'aide chez mon voisin.

Infirmière — Avez-vous essayé de l'extirper?

Julie, énervée — Pas eu besoin. Il a marché jusqu'à la maison.

Infirmière, corrigeant — Pas le voisin... le corps alimentaire.

Julie, gardant pour elle son plan de faire la prise de l'ours à Frérot pour aller chercher l'intrus avec une pince à sourcils — Non. Le temps que je revienne de chez lui, imaginez-vous que le petit pois avait disparu!

Infirmière, curieuse — Disparu? Où?

Julie, paniquée — Mais je n'en sais rien! Il était pourtant plutôt à l'étroit dans son orifice... Où est-ce qu'on retrouve ça, Madame, un petit pois?

Infirmière, prudente — Bien, ça dépend. Quelles mesures de premiers soins avez-vous pratiquées?

Julie, rassemblant ses idées — Puisque je n'ai pas retrouvé le pois par terre, je me suis dit qu'il devait encore se trouver dans son nez ou alors qu'il l'avait écrasé. Madame, j'espère ne pas m'être trompée... On l'a immobilisé et on l'a aspergé d'une quantité industrielle de solution saline. Il a pleuré, il a eu un haut-le-cœur, et l'eau s'est écoulée dans sa gorge.

Infirmière, questionnant — L'eau ne s'est pas écoulée dans l'autre narine?

Julie, inquiète — Pensez-vous que j'aurais pu lui swinger le petit pois dans l'autre narine, Madame?

Infirmière, calme — Vous avez eu le bon réflexe! Si l'eau s'est écoulée par l'arrière-gorge, vous avez été très chanceuse! L'important est de ne pas essayer d'aller chercher le corps étranger avec un objet, comme une pince à sourcils. Le danger est de blesser l'enfant et d'enfoncer encore plus loin l'objet.

Julie, heureuse d'avoir gardé sa petite gêne — Alors vous pensez que le petit pois est rendu à destination?

Infirmière, positive — Bonsoir! Il est parti!

Je n'ai aucun sang-froid pour la santé de mes enfants. Je l'ai appris à mes dépens. Une coupure, une écorchure et un peu de sang me font pleurer de désespoir, comme une actrice qui en fait trop. Mais maintenant que ma conception du tracé sinueux des fosses nasales est plus précise, je me propose pour vous en faire un dessin. Si ça peut vous être utile!

> *Moi, plus jeune, c'est un petit coquillage que je m'étais rentré dans le nez... J'ai toujours aimé la plage!* ☺
>
> *Anik*

> *C'est le genre d'histoires qui arrivent dans les meilleures familles!*
>
> *Nathalie*

Meilleur avant...
1905

Par Nathalie

Avez-vous déjà rêvé de vous réveiller au début du siècle dernier, maman au foyer (évidemment!) dans l'ambiance calme de la campagne, loin du stress et de la course métro-boulot-dodo? Vivre au rythme des saisons, cultiver la terre et avoir une grande table entourée d'enfants comme dans une chanson de Mes Aïeux? Moi, oui.

***

Fond du rang éloigné, Saint-Perdu-de-Vue, 1905. Par la fenêtre, les premiers rayons de soleil viennent caresser ma joue. J'entends les oiseaux gazouiller joyeusement. Dans son berceau, à côté de mon lit, bébé s'éveille tranquillement. Je soupire d'aise.

Papa 1905 — Qu'est-ce que tu fais?

Maman 1905, souriante — Je profite du moment présent.

Papa 1905 — Tu dois préparer mon déjeuner.

Maman 1905, irritée — Fais-le toi-même.

Papa 1905, sourire en coin — On est au début du XXe siècle!

Je me lève à contrecœur. Au même moment, bébé se met à réclamer bruyamment son déjeuner lui aussi. Je le mets au sein d'une main et je commence à cuisiner de l'autre. L'odeur n'a pas tardé à réveiller les... six autres enfants!

Maman 1905 — Comment ça, on a sept enfants à 26 ans? Tu n'aurais pas pu faire un nœud dedans?

Papa 1905, indigné — Le curé ne serait pas content de t'entendre.

Maman 1905, dépitée — Ah, oui, le curé. Au moins, ça fait des mains pour m'aider à cuisiner.

Quand tout le monde a eu la panse bien remplie et a terminé de se vêtir...

Enfant mâle 1905 — Maman, tu as oublié de réparer mon chandail et les autres sont sales!

Maman 1905, regardant la montagne de lavage et de vêtements à repriser avec découragement — Demande à un de tes frères de t'en prêter un!

... ce fut le moment d'envoyer les plus vieux à l'école, à pied, quatre kilomètres plus loin. J'ai pensé les accompagner pour faire une marche de santé, veiller sur eux durant le trajet et passer du temps de qualité en famille. Mais c'était impensable avec les plus jeunes pendus à mes jupes. Et puis, il y avait le lavage et la couture.

Papa 1905 — Tu n'oublies pas que mon frère et sa famille viennent veiller ce soir!

Bon d'accord, le ménage aussi.

Entre ma planche à laver et les enfants qui courent partout, j'ai à peine eu le temps d'essuyer un ou deux grains de poussière aussitôt remplacés par des montagnes de saletés que les enfants rentrent avec eux dans la maison.

Maman 1905, frustrée — Je vous ai dit mille fois d'enlever vos chaussures!

Puis bébé a réclamé à boire de nouveau. J'ai essayé de lui donner le sein en faisant ma couture et en stimulant son langage. Résultat: je me suis mutilé le bout du doigt à coup d'aiguille. Mais où était donc ce fichu dé à coudre? Et comme si ce n'était pas suffisant, un gargouillis sonore de mon ventre m'a annoncé que l'heure du dîner approchait et que je n'avais encore rien préparé.

Quand Papa 1905 est rentré, le repas n'était pas prêt, la maison avait l'air d'un chantier et moi, je pleurais de découragement. J'ai lu dans son regard qu'il en avait perdu l'envie de faire son devoir conjugal. Zut! Avec tout ça, j'avais complètement oublié de me peigner et de m'habiller.

Bouche

***

Maman 2005, se réveillant en sursaut — Je n'ai pas tenu une demi-journée!

Papa 2005 — Quoi? Rendors-toi, profites-en pendant que bébé dort. Je vais faire une brassée de lavage, tu auras juste à la mettre dans la sécheuse quand tu vas te lever. Veux-tu que j'arrête chercher quelque chose pour dîner?

Maman 2005, le cerveau toujours dans la brume — Un dé à coudre s.v.p.!

Oui, on est bien à notre époque! Et en plus, on peut aller se reposer au travail! ☺

Anik

Je me demande si les mamans se compliquaient la vie en 1905. Est-ce qu'elles se demandaient si elles étaient vraiment heureuses et si leur vie était équilibrée? Malgré la technologie, cent dix ans plus tard, nos journées sont tout aussi remplies!

Julie

Chapitre 5

Histoires de cœur et autres pincements

Cœur, n. m. (latin *cor*). Organe central de l'appareil circulatoire, il pompe le sang que se partagent tous les membres, aussi bien ceux d'origine que ceux qui sont greffés. Le cœur est un peu moins volumineux chez la femme que chez l'homme, mais on constate que les mamans en ont un grand. Sa fréquence cardiaque au repos est de 60 à 80 battements par minute, mais celle-ci peut être beaucoup plus élevée lors d'événements émotionnels intenses. Rien de surprenant puisqu'il est le siège des sentiments.

Il a été démontré que vivre en famille occasionne régulièrement des coups de cœur, des serrements et parfois des haut-le-cœur. Plus rarement, on peut aussi se briser le cœur.

Chapitre 5

Faire contre mauvaise fortune bon cœur
Équipés pour la vie

Par Valérie

«Quel âge il aura, celui-là, quand j'aurai quarante-cinq ans?» Drôle de question à se poser quand on apprend qu'on est enceinte, n'est-ce pas?

Quarante-cinq ans, c'est mon horizon symbolique. Au-delà, une seule certitude: la vie peut s'arrêter. C'est l'âge que ma mère n'a pas dépassé. Cancer du cerveau. Fulgurant.

En fait, cette année-là, nous avons perdu nos deux parents; mon père est mort d'un cancer du poumon trois semaines après ma mère. J'avais 20 ans, mon frère 18, alors que mes deux sœurs n'avaient que 13 et 11 ans.

C'est le genre d'événement qui vous «brasse les valeurs». Il fait prendre conscience de l'importance de la famille élargie et du soutien des amis dans une épreuve. Ça change la perspective sur bien des choses.

Dans mon cas, la volonté d'avoir mes enfants le plus tôt possible est probablement une conséquence directe de la mort de mes parents. Les «conditions idéales», comme le bon travail, la grande maison et tout le reste, n'ont jamais fait partie des éléments pris en compte dans ma décision. On ne sait pas de quoi demain sera fait, alors autant réaliser les projets importants sans tarder. Le mot d'ordre: faisons confiance à la vie.

Ça paraît peut-être paradoxal de persister à croire que la vie soit digne de confiance après un sale tour comme celui-là. Mais c'est probablement à moi-même que je fais davantage confiance qu'avant. La vie m'a montré que j'étais beaucoup plus forte que je ne le croyais. Même si ça fait mal, je possède ce qu'il faut à l'intérieur de moi pour faire face à bien des difficultés.

Ma vie reste fortement liée à ces événements. Je crois que si mes parents n'étaient pas morts comme ça et à ce moment-là, il est fort probable que je n'aurais pas la famille que j'ai aujourd'hui. J'aurais peut-être des enfants, mais probablement pas *ceux-là*. Et je ne serais probablement pas la même mère. Et ces enfants, cette vie, et cette mère que je suis, je ne voudrais pas les changer. Je ne pourrai jamais dire que je suis «contente» que mes parents soient décédés quand j'avais 20 ans. Mais je suis consciente, bien des années plus tard, que cette épreuve m'a apporté beaucoup de positif.

L'idée que les obstacles existent pour être franchis s'est, par extension, imposée dans l'éducation de mes enfants. Ne cherchez pas en moi une mère protectrice qui surveille chacun des mouvements de ses petits. Les blessures, tant qu'elles restent dans le domaine du supportable, ne sont rien comparativement à l'indépendance qu'ils peuvent gagner en faisant des expériences «dangereuses» comme, par exemple, grimper sur une chaise comme le fait ma Mimi du haut de ses deux ans pour atteindre elle-même ses jouets.

Il n'y a probablement rien qui me rende plus fière de mes enfants que de les voir développer un peu plus chaque jour leur autonomie. Si je meurs à 45 ans, l'Ingénieur aura 22 ans, Souriceau 20, Douce 18 et Mimi 15. Et, si ça arrive, il faut qu'ils soient capables de passer au travers.

Tes mots sont remplis de sagesse. Apprendre aux enfants à voler de leurs propres ailes, c'est le plus beau cadeau qu'on peut leur faire. Mais j'espère tout de même que nous serons encore toutes là, à 46 ans, pour les voir aller!

Nathalie

Je partage ton avis: l'acquisition de l'autonomie est inestimable. On doit élever nos enfants pour qu'ils se débrouillent sans nous, et en ce qui me concerne, je suis d'avis que le plus tôt sera toujours le mieux...

Anik

Chapitre 5

Il m'arrive de me demander: «si je partais aujourd'hui, quel bagage aurais-je laissé à mes enfants?» Et j'espère toujours que ce que j'ai laissé dans mon «testamaman» sera suffisant...

Julie

Cœur de petite fille
Papa, pour le meilleur ou pour le pire

Par Anik

Il y a toutes sortes de papas dans le monde: des papas gâteau, des papas poules, des papas zen ou relax, des papas sévères, des papas sportifs, des papas qui ne changent pas les couches, des papas qui font la cuisine, des papas de remplacement...

Bref, il y en a pour tous les goûts. Et on en a tous au moins un.

Le mien, c'était un papa distant. Il me regarde du ciel (du moins, c'est ce que j'aime croire) depuis 12 ans. Est-il fier de moi? Je l'espère. Même si notre relation n'a jamais été très intime, peu avant sa mort, j'étais devenue plus proche de cet homme timide, mais fondamentalement bon, avec qui la vie n'avait pas été très clémente.

J'aurais aimé que mes filles connaissent leur grand-père. Ma grande aura connu son grand-père paternel, mais mes deux autres filles n'en auront connu aucun.

Décidément, il y a très peu d'hommes dans notre entourage. Et le départ de PapaRelax m'a amenée à me questionner. Est-ce que le fait que mes filles voient moins leur père changera quelque chose dans leur vie? Si nous étions restés un couple par parure, sans amour véritable, aurait-ce été mieux? Sincèrement, je ne crois pas. Je pense que les enfants perçoivent les problèmes dans le couple, même si en apparence, tout va bien.

Récemment, un ami soutenait le contraire et pensait que, par amour pour les enfants et pour leur stabilité émotive, il valait mieux que les parents demeurent ensemble, malgré une intimité déficiente et un amour mué en amitié.

Je suis peut-être trop égoïste, mais selon moi, les enfants ne doivent pas constituer un frein à une vie de couple harmonieuse et satisfaisante à tous les égards. Je pense que si c'est le cas, ils le sentiront et risqueront de reproduire plus tard un modèle de couple dysfonctionnel.

Par ailleurs, même si PapaRelax et moi ne formons plus un couple, je peux sincèrement affirmer qu'il est un très bon père. Je pense que mes filles bénéficieront de la présence et de l'amour de cet excellent capitaine, même s'il mène sa barque seul et qu'il n'est plus dans le navire familial. Il aidera sans nul doute mes filles à se forger une image positive d'elles-mêmes (du moins, c'est ce que j'ai lu quelque part).

Qui sait, j'aurais peut-être une meilleure estime de moi si mon père avait été plus présent dans ma jeunesse. Je pense néanmoins avoir pris la meilleure décision pour moi, et pour mes filles.

Avec des «si», on mettrait Paris en bouteille. Tu as pris la décision qui te semblait la meilleure, c'est l'essentiel.

Nathalie

À l'époque de mon père, les hommes n'entraient pas en salle d'accouchement «pour ne pas avoir une personne de plus à gérer». On ne disait pas non plus à ses enfants qu'ils étaient beaux «pour ne pas qu'ils s'enflent la tête». Je crois qu'ils étaient pères à leur manière et qu'ils aimaient leurs enfants autant que les papas d'aujourd'hui.

Julie

Chapitre 5

Si le cœur t'en dit...
Non, ce n'est jamais non

Par Florence-Élyse

Je n'en voulais plus de bébé. Mon idée était faite. Après 18 mois de bataille ardue contre l'anorexie de mon aînée, l'inquiétude de vivre avec des adolescentes qui testent constamment les limites de leur liberté, mes études en droit, mon travail prenant (et passionnant) ainsi que les avantages et désavantages de la garde partagée, je l'avais amplement mangé ma «poutine de maman».

Un soir de juillet 2010, quand mon amoureux m'a fait la grande demande, ce fut un certain choc. Le scénario était adorable. Nous étions dans la piscine, après le départ de la visite, et il m'a demandé amoureusement si j'acceptais de porter son enfant. Son deuxième, mon troisième. Un ajout à nos pénates de famille reconstituée.

J'ai d'emblée répondu que c'était hors de question. Mais il avait ce regard sérieux qui ne trompe pas. *God!* «Mais chéri, je suis ailleurs maintenant...» Il a dit qu'il comprenait mon point de vue. Il était ailleurs lui aussi.

Quelques semaines plus tard, nous sommes rentrés d'un de nos *road trips* annuels avec les filles, reposés et du soleil plein les joues. Nous ne sommes pas revenus sur cette discussion nocturne, comme nous nous l'étions promis. Aucune mention du «projet». Juste une blague à l'occasion sur ce que serait notre vie avec un nouveau bébé.

La grande demande a refait surface au début de l'été 2011. La fin du printemps a un doux impact sur l'horloge biologique de mon amoureux.

Je lui ai proposé six mois. Six mois d'essais et si ça ne fonctionnait pas, nous aurions notre réponse. Et nous serions heureux, comme nous le sommes depuis six ans, sans bébé à nous deux. Je n'arrivais pas à mettre une croix sur une dernière grossesse, sur mon penchant pour l'allaitement et sur tous ces moments de bonheur avec cet homme. Ni sur le fait que je n'aurais jamais la joie de le qualifier de «papa» pour l'enfant que j'aurais porté pour nous.

Une ovulation plus tard, ça y était. Une petite crevette en gestation. Je portais la vie à nouveau, à 36 ans!

> *Et si vous lui faisiez un petit frère ou une petite sœur? Au printemps prochain peut-être?*
>
> *Nathalie*

> *C'est beau comme histoire d'amour! La vie a su bien faire les choses!*
>
> *Manon*

> *Destin? Hasard? Qu'à cela ne tienne, je pense que la destination te plaît!*
>
> *Anik*

Cri du cœur
Maman à temps partiel

Par Anik

Ça me demande de piler sur mon orgueil, mais je vais l'avouer humblement: j'ai longtemps eu la certitude d'être une mauvaise mère. En fait, jusqu'à récemment, je me disais que si c'était à recommencer, je n'aurais pas d'enfants. Que je n'étais pas faite pour la maternité. Rien à voir avec le fait d'être une mère imparfaite, indigne ou incompétente… Non, la maternité n'était simplement pas pour moi. Des enfants 365 jours par année et une bulle personnelle complètement écrasée, mes nerfs ne pouvaient le supporter.

Pourtant, de l'extérieur, j'étais une mère qui réussissait: projets, travail, loisirs, énergie, enfants en santé, de bonne humeur et allumés. Mais j'avais cette impression continuelle de ne pas donner mon 100 % comme mère. Cette perception que je n'apportais pas grand-chose à mes filles me suivait. Tout comme cette constatation que la maternité m'apportait tellement plus de troubles (émotif, organisationnel, financier et tout le tralala) que de gains ou de valorisation. J'avais sans cesse le sentiment de piler sur moi pour satisfaire les autres, de mourir à petit feu, de me noyer dans cette «mère» sans espoir de sursis. Il y avait bien quelques moments de grâce, prenant mon souffle sur la plage de la solitude, mais pas assez pour que je me retrouve.

Alors, ce constat: je n'étais pas faite pour être mère. J'avais fait une erreur de parcours. J'avais eu des enfants sans savoir ce que cela impliquait parce que je croyais que c'était ce que je devais faire.

J'étais terriblement insatisfaite. Oui. J'irais même jusqu'à dire qu'à 33 ans, j'étais presque morte. Je n'étais pas en dépression, je continuais à rire, à vaquer à mes occupations, mais le soir venu, je réfléchissais à ma vie et en m'imaginant ce métro-boulot-famille-dodo perpétuel, j'avais l'impression que je n'avais plus rien à attendre de la vie.

Puis, j'en ai eu assez. J'ai agi, mue par un instinct de survie qui me hurlait littéralement de sortir de cette situation. Un instinct si fort que je pense ne jamais l'avoir entendu aussi clairement. J'ai pilé sur mes insécurités, surtout financières, et je me suis séparée. Je sais, je mentionne fréquemment ce pan de ma vie. Toutefois, c'est l'élément déclencheur le plus important et le plus positif que j'aie vécu.

Ainsi, je suis devenue mère monoparentale. Wow! Du temps pour moi, sept jours sur quatorze. La liberté absolue! Pas de ménage, pas de lavage, pas même d'épicerie et surtout, personne dans ma précieuse bulle. Je sais, je suis une égocentrique de la pire espèce, mais à quoi bon lutter contre ce que nous sommes? Je préfère choisir mes batailles.

Le plus merveilleux dans cette histoire, c'est qu'après quelques mois de ce régime, tout ce temps avec moi-même m'a permis de réaliser un gros ménage dans ma maison, mais surtout dans ma vie. Dans mes valeurs, mes règles de vie, mes priorités. Et je me suis retrouvée. Enfin. Et qu'ai-je, entre autres, trouvé? Une mère de plus en plus aimante prenant plus plaisir avec ses filles. Une mère qui joue davantage avec elles, les outille positivement pour la vie, leur permet de croire que la vie est belle. Une mère qui démontre de la gratitude, de la créativité, de la fierté et qui transmet ses valeurs. Une mère plus satisfaite et heureuse. La vie m'a autorisée à évoluer vers la mère que je voulais être, tout en étant enfin la femme que je souhaite.

Oui, c'est en étant mère à temps partiel que je me réalise comme maman. Au bout du compte, je fais cette heureuse constatation: je suis probablement faite pour être mère, à ma manière!

Bravo à toi d'avoir su choisir ta voie! C'est quand on se respecte en tant que femme et que l'on se choisit d'abord et avant tout que l'on peut ensuite se sentir bien dans son rôle de maman et aussi d'amoureuse!

Manon

J'ai ressenti exactement la même chose que toi lorsque je me suis séparée. J'étais tellement heureuse! Ça m'a permis de faire le point sur beaucoup de choses dans ma vie.

Catherine

Je crois que je trouverais ça infiniment dur d'être mère à temps partiel, mais une semaine de congé de temps en temps serait la bienvenue. Si vous êtes heureuses, c'est l'essentiel.

Nathalie

Chapitre 5

Tête = 1 Cœur = 0
Quand tirer à pile ou face ne suffit pas

Par Julie

Julie, nerveuse — Bonjour, je suis Julie.

Le groupe, assis en cercle, en chœur — Bonjour, Julie!

Julie, ne sachant pas par quel bout commencer — Bon. J'ai 35 ans. Je vis en couple depuis 13 ans. Et j'ai trois enfants. Voilà. C'est décidé… Enfin, je crois…

La dame assise à côté d'elle, lui touchant le bras — Allez, courage, ma belle.

Julie, inspirant profondément, sachant qu'il faut dire la formule habituelle — Bon. Je recommence: Je suis Julie et… ma famille est finie!

Le groupe, enthousiaste — Bienvenue, Julie!

Julie, déglutissant — C'est décidé. Il n'y aura pas de Bébé 4. La réflexion a été quotidienne depuis la naissance de Frérot. J'y ai pensé et repensé. J'ai changé d'idée plus souvent que j'ai changé de couche mon petit dernier. Je me suis faite à l'idée…

Derrière, une autre maman hoche la tête.

Julie, se sentant déjà plus en confiance — Ça a été un long cheminement. Un sondage digne d'une grande maison de marketing! Dès que je le pouvais, je confiais mon questionnement existentiel. Mon public cible? Les mères (et les pères!) qui avaient passé à une autre étape. Peu m'importait de répéter la cassette. Peu m'importait que je connaisse bien ou peu mon auditoire. J'osais la grande question: «Comment vous avez su que la famille, c'était terminé?»

L'animatrice, empathique — As-tu obtenu des réponses satisfaisantes?

Julie, poursuivant — Oui et non. Les théories des hommes sont de grands discours politiques! Cela ne m'a pas donné de piste de réflexion sérieuse.

Pourtant, une constante revenait dans les réponses des femmes. «Tu verras. Ça devient clair. Tu le sauras, c'est tout.»

L'animatrice, souriant — Est-ce que ça t'avançait?

Julie, catégorique — Pas du tout! Pour moi, ce tourment était tout sauf clair. Mais, puisque la vie est bien faite, ça l'est effectivement devenu. Le déclic s'est fait en une journée. Un moment clé d'une grande profondeur...

Une participante, curieuse — Lequel?

Julie, embarrassée — Après avoir vomi trois fois le contenu d'un repas contaminé dans la voiture de mon collègue (honte à moi!), je me suis rendue à l'évidence: je ne survivrai jamais plus à neuf mois de nausées!

On entend des murmures dans la salle. Une femme a du mal à cacher sa désolation.

Julie, baissant les yeux — Cette sensation envahissante qui gâche la vie, je n'aurai plus la force de passer à travers. Ce malaise diffus qui me met K.-O., je serai incapable de le supporter. Je ne m'imagine plus m'étendre comme une épave sur le sofa à attendre que les murs cessent de tourner...

L'animatrice, résumant — C'est exigeant, n'est-ce pas?

Julie, énumérant tout ce dont elle n'aura plus à se plaindre — Vous savez, je me porte beaucoup mieux depuis que je n'ai plus besoin d'aller aux toilettes dix fois par nuit! Je ne roule plus dans mon lit en regardant mon pauvre ventre déformé par mes abdominaux affaiblis. Je jubile à penser que je n'aurai plus de crampes-surprises au mollet en pleine nuit!

Les autres participantes au groupe d'entraide *Ma famille est finie Anonyme* écoutent en silence...

Julie, poursuivant sa lancée — Je n'aurai plus à renoncer à ce que j'aime manger tout en prenant du poids quand même. Je ne ferai plus de palmarès de prénoms en souhaitant que PapaZen dise comme moi et je ne le harcèlerai plus pour qu'il sente le bébé bouger alors qu'il est à l'autre bout de la maison. Je ne maudirai plus les amandes enrobées de chocolat parce qu'elles ne contiennent pas d'oméga 3. Je n'aurai plus d'envies folles de tricoter. Je ne serai plus jalouse des autres parce qu'elles sont «plus enceintes» que moi.

Certaines mamans présentes opinent du bonnet.

Julie, comme un grand livre ouvert — Fini les soucis à me demander si je dois ou non tenter l'accouchement vaginal après une césarienne. Fini les hypothèses sur le fait que je porte un garçon ou une fille d'après la forme de mon ventre.

S'ensuit une pause. Chacune jongle avec les mots et déclarations-chocs.

Julie, concluant sa présentation — Oui, je le sais maintenant. C'est clair. *(Puis répétant la formule pour l'ancrer)* Je suis Julie, et ma famille est finie.

L'animatrice, reconnaissante — Merci, Julie, pour ce beau témoignage.

Julie sourit timidement. Elle se garde bien de dire que, tant qu'il restera une place vacante à la table et dans son cœur, elle aura des moments de rechute quotidiens.

C'est clair pour moi que c'est fini depuis que changer des couches me donne mal au cœur...

Valérie

Moi, je vois un bébé et j'ai «zéro émotion»... Alors, trois enfants, ça va! Et ça vient de s'éteindre...

Anik

> *Après deux bébés en 13 mois, disons que j'en avais plein les bras, alors mon chum est passé sous le bistouri. Quand les enfants ont été un peu plus vieux, je me suis demandé si nous n'étions pas allés un peu vite, mais je n'ai pas de regrets.*
>
> *Nathalie*

> *Si vous m'offrez une femme de ménage, une cuisinière, un jardinier, une gardienne (quand je veux m'évader avec mon amoureux) et un peu de sous pour acheter des bonbons (et payer le dentiste) alors oui, je suis partante pour m'arrondir encore quelques fois!*
>
> *Catherine*

Le cœur plus léger
Bonne ou mauvaise mère?

Par Anik

Récemment, j'ai eu toute une révélation. La plus grande de ma vie de mère de famille. Sincèrement, je n'en reviens pas de ne pas avoir réalisé cela avant. Mieux vaut tard que jamais.

Depuis huit ans, je tentais de faire partie du camp des bonnes mères. Pas parfaite, mais sans trop de failles… Cependant, c'était une rude épreuve, car j'avais ainsi l'impression d'être sans cesse sur un fil de fer, équilibriste de la maternité. Chaque erreur, chaque «pognage» de nerfs me faisait chuter du côté des «mauvaises mères». À l'inverse, mes bons coups se contentaient de me maintenir sur le fil, sans jamais me faire tomber dans ce fameux camp des «bonnes mères».

Finalement, j'ai réalisé que ce fil n'avait pas à exister. Que je n'avais pas à me classer dans la catégorie des bonnes ou des mauvaises mères. Je peux simplement faire des erreurs et des bons coups qui ne font de moi qu'une simple mère, ni bonne, ni mauvaise. Une mère créative, enjouée, qui a parfois des sautes d'humeur ou qui monte le ton. Une mère qui prend le temps de bien border ses filles, qui a besoin de sa bulle personnelle, qui fait parfois preuve d'impatience... Une mère. POINT.

Je n'ai pas à évaluer si je suis une bonne ou une mauvaise mère. Après tout, je ne juge pas les autres mères, pourquoi est-ce que je me jugerais, moi? Mine de rien, cette constatation vient de m'enlever tout un poids. Je ne veux pas être une mère parfaite, je ne veux pas être une bonne mère. Je suis simplement une mère. Une mère à ma manière, avec mes valeurs, avec mes méthodes parfois inusitées, avec la présence que je suis capable de donner (et non celle que j'imagine que la société pense que je devrais donner). À bas les «il faut». À bas les «je dois»... Vive les «je suis» et les «je veux».

Je suis une mère, un point c'est tout, et il est grand temps que je m'accepte telle que je suis. Ça ne m'empêche pas de vouloir m'améliorer, de faire des compromis ou des efforts, mais je vais le faire si ça correspond à ce que JE veux. J'ai des limites, des désirs, une vision. Je vais m'y conformer sans juger si cela est bon ou mauvais, car c'est la personne que je suis, simplement. Je réalise que je n'ai rien à atteindre. La maternité, tout comme la vie, n'est qu'un processus. Ça me donne moins le goût de courir. Ça n'enlève pas mon envie d'avoir plein de projets. Ça diminue la pression et c'est tant mieux.

Ah, ça fait terriblement de bien! Oui, vraiment, ça fait du bien et je me sens agréablement légère... Enfin!

Je suis moins modeste (sévère?) que toi. J'ose le dire, je suis une bonne mère. Certainement pas parfaite. Qui voudrait d'une mère parfaite de toute façon? Mais une bonne mère parce que je fais de mon mieux en fonction de ce que je suis. Et tu l'es aussi. Donne-toi le droit de te le dire, tu le mérites.

Nathalie

> Si tu remplaces le mot *mère* par le mot *femme* dans ton 4ᵉ paragraphe, ça donne un angle très intéressant à ton texte. Les femmes qui s'acceptent telles qu'elles sont, font-elles des mamans plus heureuses? Je pense que oui. Tout part de là, à mon avis.
>
> Catherine

> J'envie souvent mes enfants de profiter du moment présent sans culpabilité à l'égard de ce qu'ils ont fait (ou pas!) hier, ni inquiétude à l'égard de ce qui se passera demain. Que cette faculté me serait encore utile!
>
> Julie

Serrements de cœur
Mon Goliath

Par Florence-Élyse

Devenir une maman très tôt dans sa vie, c'est comme ne jamais cesser de jouer à la poupée. Quand on aime beaucoup, quand bébé est en santé, la tâche s'avère épanouissante, c'est gratifiant. Ça fait naître le désir constant de cajoler de petites bajoues douces et rondes… malgré la routine accaparante, nourrir son enfant est une tâche enrichissante. Elle concrétise un rêve de petite fille, celui de chérir ardemment cette poupée qui parle, mange et qui dit «maman». Dans ce quotidien, l'allaitement maternel, fortement conseillé dans mes nombreuses lectures, a minutieusement occupé le premier plan pendant six mois. Ce fut une expérience unique et mémorable malgré mes 17 ans. Ce sentiment de plénitude m'allait à merveille. Par la suite, ce sont les parfums à la sauce de Louise Lambert-Lagacé qui ont rempli ma petite cuisine dans laquelle régnait une fête lors de chaque repas. C'était une allégresse de découvrir ma fille gourmande et curieuse de nouveaux goûts.

La nourriture est l'objet souverain de la maternité. À quelques heures de vie, c'est partager le meilleur de soi dans une longue tétée de 30 minutes. À 3 ans, c'est expliquer que ces bons légumes se transforment en petits soldats qui, une fois arrivés dans le ventre, affrontent une armée de microbes. Plus il y a de joyeux soldats, mieux le corps se porte! À 17 ans, mes histoires ne convainquaient plus mon aînée. C'est avec un redoutable abattement que je voyais le corps de ma fille s'amaigrir. Je voyais ses refus augmenter devant chaque repas, même quand je lui servais ses classiques, ceux qui trônaient en haut de sa liste de mets préférés. Elle vomissait le fiel de ma maternité, annihilait mon rôle fondamental.

Parfois, c'est aussi ça, la maternité. Cohabiter avec une maladie que l'on n'apprendra jamais à apprivoiser: l'anorexie. Cette maladie vorace et envoûtante dévorait silencieusement le petit corps de ma fille. Je lui avais pourtant donné naissance avec la conviction d'avoir toute la force du monde pour battre ce qui tourmenterait le chemin de ma maternité. Mon expérience maternelle des dernières années a soudainement reculé devant l'immensité, plus lourde que mon audace. J'ai cherché des réponses, parfois médicales, parfois psychologiques, pour trouver la recette secrète qui guérirait tous les maux. Chaque intervention apportait son lot d'inquiétudes devant un résultat nouveau et un corps de plus en plus aminci. Des spécialistes, souvent attentionnés et rassurants, savaient déceler l'apeurement dans mes regards inquisiteurs.

Être maman durant cette période, m'a permis d'en apprendre sur le détachement. Cette épreuve allait bien au-delà des quelques périodes où je me suis retrouvée physiquement loin de ma fille. Dans cette distance, il n'y avait rien pour meubler le vide sauf cette douleur et l'écrasante culpabilité.

Apprécier, un repas à la fois. Aimer l'enfant encore plus. Grandir dans sa maternité. Soutenir à travers ce regard plein d'amour maternel et parfois égoïste, se rappelant que c'est notre douleur qui nous fait mal. Avec les années, j'apprends à comprendre la sienne également, et à laisser la mienne de côté.

Épauler son enfant dans une telle épreuve tout en gardant un équilibre afin de jouer un rôle aidant comme tu le dis si bien, ça ne doit pas être facile du tout. Je salue votre courage à toutes les deux!

Manon

Comme toi, j'ai porté attention à tout ce que mes mousses ont mis dans leur bouche depuis qu'ils sont nés. Leur santé a été un souci constant pour moi. Ce simple «oui» de ta fille pour consentir à recevoir de l'aide a dû te soulager! Bravo pour votre courage.

Julie

J'ai toujours tremblé à l'idée que cette maladie touche mon ado et je tremble encore en te lisant.

Catherine

Le cœur en miettes
Trio en deuil

Par Julie

PetiteSoeur a sorti son crayon brun et une feuille blanche. Mes yeux se sont remplis de larmes. Derrière mon portable, j'ai essayé de me donner une contenance.

PetiteSoeur, dessinant deux traits verticaux — Maman? Ça a combien de pattes, un chien?

En toute autre situation, j'aurais fait une leçon en bonne et due forme. J'ai dégluti et j'ai simplement répondu.

Julie — Quatre, ma puce.

Chapitre 5

Quelques minutes plus tôt, je venais d'annoncer à mes filles qu'Inès, notre chienne, ne s'était pas réveillée ce matin. Une demi-vérité, car elle ne s'était pas couchée la veille, comme tous les soirs depuis neuf ans.

PetiteSoeur — Mon crayon brun écrit mal. J'en ai besoin d'un bon.

Julie, ravie de se lever pour aller lui en chercher un et en profiter pour écraser ses larmes — C'est vrai. Ton dessin est important aujourd'hui.

À 5 ans et demi, PetiteSoeur n'avait pas compris ce que «ne pas se réveiller» voulait vraiment dire. À presque 8 ans, GrandeSoeur avait saisi l'allusion du premier coup. La lèvre tremblotante, elle a reformulé «Ça veut dire qu'elle est morte, PetiteSoeur». Quand cette dernière s'est mise à sangloter, je me suis réellement demandé pourquoi je n'avais pas attendu d'être plus solide pour leur annoncer la nouvelle.

PetiteSoeur — Merci pour le crayon, maman. Est-ce qu'un chien, ça a une queue déjà?

Julie, regardant la boule de poil prendre forme — Bien sûr.

J'ai pris PetiteSoeur dans mes bras puis j'ai regardé ma grande qui faisait tout ce qu'elle pouvait pour ne pas pleurer elle aussi. PapaZen est arrivé à ce moment précis. C'est lui qui a expliqué que c'était mieux ainsi parce qu'Inès était malade et que maintenant, elle ne souffrirait plus. Ça n'a consolé personne. Ces réalités-là prennent du temps à faire leur chemin.

PetiteSoeur, observant son œuvre — Maman, je ne sais pas comment dessiner les oreilles.

Julie, regardant l'air paisible de son premier «bébé» représenté sur le dessin — Je vais te les dessiner au crayon de mine. Tu les traceras en brun si tu les aimes.

Ensuite, j'ai eu du mal à leur suggérer d'une voix assurée qu'Inès était devenue une étoile et qu'elles pourraient la saluer tous les soirs. Bougonne, PetiteSoeur a répliqué qu'elle ne voyait jamais les étoiles. GrandeSoeur s'est montrée sceptique. J'ai alors mis le paquet, leur confiant que ma grand-maman était déjà au ciel, qu'elle adorait les animaux et que ça lui ferait plaisir de s'en occuper pour toujours.

PetiteSoeur, poursuivant son dessin sans relâche — Maman, mon chien est beau. Mais j'ai un peu raté GrandeSoeur et moi.

Julie — Le plus important, c'est qu'Inès ait l'air content, ma puce.

GrandeSoeur, curieuse — Qu'est-ce que tu fais, PetiteSoeur?

PetiteSoeur, légère — Je fais un dessin d'Inès, pour bien m'en rappeler. _(Puis ajoutant gravement)_ Mais je ne suis pas certaine de le terminer. Tu comprends, je ne pourrai jamais lui donner…

J'ai ravalé le sanglot qui m'a envahie. Je m'attendais à ce que GrandeSoeur se mette à l'œuvre aussi, mais elle a continué d'errer sans but dans la maison. Je savais qu'elle vivrait son émotion en différé. Et que ce serait douloureux.

Mon intuition ne m'a pas trompée. Alors que j'entamais ce billet devant mon clavier, j'ai entendu mon aînée renifler discrètement dans sa chambre. Quand je me suis blottie auprès d'elle sous les couvertures, j'ai vu qu'elle tenait très fort un toutou en forme de chien pour lequel elle n'avait jamais montré d'intérêt. Puis, le barrage a cédé. Elle a pleuré bruyamment sans pouvoir s'arrêter. De sa chambre, Frérot s'est même inquiété «_Qu'é qui a, GrandeSoeur? Qu'é qui a?_» De la sienne, PetiteSoeur a rejoint le bal et s'est mise à sangloter aussi.

C'était l'état d'urgence. J'ai invité tout notre beau petit monde dans notre grand lit où nous avons pleuré ensemble la mort de notre belle Brune. La nuit est enfin venue, consolant ainsi les petits cœurs brisés. Désormais, à chaque partie de Wii, l'avatar d'Inès nous rappelle qu'elle fera toujours partie de nos vies.

> _Tu leur as offert un deuil rempli d'amour. C'est tellement important._
>
> _Catherine_

Chapitre 5

Les enfants n'oublieront pas ce qu'ils ont appris ce jour-là: les êtres qui nous ont quittés continuent de vivre dans nos cœurs et nos souvenirs.

Nathalie

Un grand apprentissage de la vie! Douloureux et rassembleur à la fois. Nous avons vécu quelque chose de similaire lorsque Nemo est mort et que nous lui avons chanté La mer en lui disant adieu avant de tirer sur la chasse d'eau! On a quand même essuyé une petite larme tandis que notre fiston pleurait à chaudes larmes! Ne riez pas. Je vous le jure.

Manon

Chapitre 6

Le casse-tête de la conciliation coco, boulot, dodo

Cerveau, n. m. (latin *cerebellum*). Formé de deux hémisphères cérébraux, souvent un gauche et un adroit, il est (en principe!) le siège de l'intelligence, du jugement et de l'imagination. Le cerveau capte l'information reçue par les cinq sens: la vue (une pile de dossiers à classer), l'ouïe (une bruyante rivalité fraternelle), l'odorat (une couche bien remplie), le toucher (le confort de son oreiller) et le goût (un bon petit plat mitonné). Le cerveau est une structure extrêmement complexe qui compte des milliards de neurones. À ce jour, la science étudie toujours en quoi les cerveaux des femmes et des hommes fonctionnent si différemment.

Trop d'informations, des pressions de la société et des interventions de l'entourage peuvent parfois venir perturber son efficacité. Sa capacité à réaliser plusieurs tâches simultanément est particulièrement développée chez les êtres s'étant reproduits.

Chapitre 6

Quand l'instinct hurle à tue-tête
Je. Tu. Nous. Voilà!

Par Manon

Jamais je n'aurais pensé devenir un jour une maman à la maison. Je m'imaginais retourner au travail, plus près de chez moi, mon petit poussin fréquentant la garderie. Rien ne m'avait préparée à cette infusion d'amour profond qui coulait dans mes veines et qui allait transformer ma vie à jamais! Maintenant que mon fils était entré dans ma vie, en chair et en os, j'étais incapable de prendre la décision de me séparer de lui. Je me revois, en cette douce soirée de juin. À la pensée de mon retour au travail qui arrivait avec ses gros sabots, je me suis mise à pleurer en arrosant les fleurs du jardin. Ce soir-là, non seulement les fleurs ont bu l'eau salée de mes larmes, mais le véritable travail d'équipe avec mon amoureux, mon complice, a débuté.

Depuis la naissance de notre premier fils, Éric et moi avons tous deux changé les couches et pris soin de lui nuit et jour à parts quasi égales (le poids penchant en ma faveur en raison de l'allaitement!). Vous pourriez me dire que nous travaillions déjà en équipe et je ne vous contredirais pas.

Toutefois, en ce beau soir d'été, lorsque je suis entrée dans la maison en larmes, notre collaboration a pris un sérieux tournant. Après avoir longuement discuté, nous avons pris la décision de tenter l'expérience de vivre avec un seul salaire et de voir si les finances ne riposteraient pas trop. Nous avons décidé de nous serrer les coudes et la ceinture afin de vivre une vie familiale en accord avec notre vision de la vie.

Nous avons alors formé un duo solide et solidaire dans cette aventure non planifiée.

Cette belle épopée n'aurait jamais été possible sans le travail d'équipe empreint de respect et d'admiration mutuels. Tant pour le pourvoyeur de la famille que pour celle qui garde le cap à la maison par vents et marées. Sept ans plus tard, la famille s'est agrandie et est maintenant composée d'un papa, d'une maman et de trois joyeux lurons. Et devinez ce que les enfants entendent le plus souvent lorsqu'ils n'arrivent pas à s'entendre entre eux? Que nous sommes tous dans le même bateau et qu'ils doivent trouver un terrain d'entente! C'est que nous avons l'esprit d'équipe tatoué sur le cœur...

Entre-temps, j'ai démarré mon entreprise. Trouver du temps pour travailler lorsqu'il y a toujours des enfants dans la maison n'est pas chose facile. Mais ce qui me sauve, c'est de pouvoir compter sur mon associé principal pour prendre la relève avec le sourire lorsque le besoin impératif se fait sentir pour moi d'aller travailler à l'extérieur pour écrire, planifier des ateliers ou tout simplement pour respirer en solo.

Sept ans plus tard, trois enfants, une nouvelle carrière et toujours en amour, je n'ai qu'une envie: clamer haut et fort à quel point j'aime mon équipe! Sept ans plus tard, les finances ont tenu le coup. Et une douceur de vivre embaume la maison.

Il y a de ces moments clés qui changent tout. Ce soir-là, vous avez préparé le terrain pour un tout nouveau jardin!

Julie

Une partie de moi voudrait reculer ma cassette et choisir ce quotidien qui est le tien. C'est par tes mots que tu me fais découvrir à quoi le mien aurait ressemblé!

Florence-Élyse

Quel coéquipier formidable qui te laisse être ce que tu es. Quel beau message! Choisir sa vie. Tracer sa route, celle qui va cultiver notre bonheur, qu'il soit derrière un bureau, en voyage, dans le creux de notre maison, la main sur un pinceau ou sur le clavier d'un ordinateur. S'écouter pour mieux rayonner et offrir notre bonheur aux autres.

Catherine

Chapitre 6

La tête haute
Boucler la boucle

Par Florence-Élyse

Nous étions soixante-quinze, attroupés dans la petite salle de l'agora du collège. C'était la rentrée. J'avais dix-neuf ans. Cela faisait plus d'un an que je n'avais pas mis les pieds dans une école. Entre le moment où j'avais lancé mon chapeau de finissante dans les airs et mon acceptation dans un programme de technique juridique, il s'en était passé des choses. Une grossesse, un bébé, un jeune couple qui battait de l'aile et déjà plusieurs examens de conscience.

Dans les premières heures, j'ai longuement observé les autres étudiants de première année. Ils avaient tous le même objectif: terminer trois ans plus tard, diplôme en poche. Certains voulaient ainsi accéder au marché du travail, tandis que d'autres souhaitaient sans doute poursuivre leurs études à l'université. Pour ma part, c'était impensable. Je me voyais très mal consacrer plus de trois années de ma vie aux livres et obtenir mon barreau alors que ma fille aurait neuf ans. Déjà, l'objectif de terminer ma technique était magistral et me demandait une discipline exigeante. Néanmoins, l'idée de graduer m'excitait beaucoup et c'est dans la visualisation de cette réussite que j'ai puisé mon énergie quotidienne.

Dès le troisième cours, un enseignant nous apostropha en nous indiquant que ça ne serait pas facile et que plusieurs d'entre nous ne pourraient poursuivre plus de six mois. Continuant avec son air austère, il ajouta que seulement le tiers d'entre nous réussirait à compléter le programme. Sous la dureté de ces paroles, toute l'ardeur qui m'avait ramenée sur les bancs d'école s'est écroulée. Je repensais à mon bébé qui n'avait même pas deux ans. Je l'avais laissé pour la première fois à la garderie le matin même pour affronter ma rentrée scolaire. J'ai songé à toutes les heures passées à planifier ce moment, à acheter mes fournitures, à repasser au peigne fin mon horaire afin que ma cadence de maman étudiante n'entraîne pas d'échecs scolaire et familial.

Les jours et les cours ont passé, au hasard des mois et au rythme des anniversaires. Ma fille a fêté ses cinq ans en même temps que je terminais parmi les vingt-cinq finissants, le noble tiers, de la technique collégiale et présidente de mon association étudiante.

C'est en 2008, alors que mes filles étaient âgées de onze et quinze ans, que le désir de poursuivre mon rêve de devenir avocate a refait surface. J'ai pris la décision de visiter les bancs de l'université à temps partiel tout en demeurant salariée. Nos dimanches après-midi ressemblent à une sympathique course contre la montre lorsque nous nous ruons vers le café Internet du coin pour nos séances de devoirs et d'étude. Nous partageons les mêmes buts: notre réussite scolaire et notre dépassement. Une formule qui colore notre vie familiale et dans laquelle maman chérit, avec fillettes-ados, à la fois les insuccès et les triomphes.

J'imagine très bien votre complicité à vivre ensemble ces périodes d'étude. Quel beau projet commun!

Julie

Ce parcours atypique évolue d'une façon vraiment géniale! Wow! C'est merveilleux ce que tes filles et toi pouvez vivre ensemble! De beaux liens de complicité se tissent... Une belle histoire!

Manon

Tu as vraiment toute mon admiration. Et quel bel exemple de persévérance pour tes filles!

Catherine

Esprit libre
Le beau risque

Par Nathalie

Bulletin spécial! La première ministre s'apprête à décréter l'indépendance. Le site *MomsLeaks* a mis la main sur un enregistrement des débats musclés de la dernière réunion du Conseil des ministres. Écoutez bien ceci.

Première ministre, l'air grave — Chers ministres, nous avons une décision importante à prendre. Elle aura des impacts majeurs sur notre avenir. Il faudra du courage politique pour mener à bien cette réforme en profondeur de l'organisation du travail et devenir notre propre patron. Quelques-uns parmi vous sont encore tentés par le statu quo parce qu'ils ont la peur au ventre, j'en suis tout à fait consciente. Mais la crainte et l'angoisse sont mauvaises conseillères.

Ministre des Finances, inquiet — Madame la Première Ministre, avec tout le respect que je vous dois, je pense que vous mesurez mal les impacts économiques de l'indépendance. Il faudra du temps pour espérer ramener la situation économique au point où nous en sommes aujourd'hui. Pour maintenir l'équilibre budgétaire pendant ce temps, il faudra demander à tous les ministères de se serrer la ceinture.

Ministre du Revenu, prudent — Certes, nous subissons un certain nombre de désagréments comme salariés actuellement, mais ne sont-ils pas préférables à ceux engendrés par l'absence d'un revenu régulier et prévisible? Imaginez le stress!

Ministre de la Famille, déterminée — Chers collègues des Finances et du Revenu, je vais vous en parler, moi, du stress! Courir du matin au soir pour éviter que les enfants ne passent trop de temps à la garderie, jongler avec l'horaire pour être présents auprès des petits quand ils sont malades...

Ministre du Travail, renchérissant — Faire beaucoup (trop!) d'heures supplémentaires!

Ministre de la Famille, en rajoutant — Perdre son temps dans la circulation, c'est bien du stress tout ça, non? Nous avons besoin de temps de qualité en famille. Et puis, nous avons des surplus à ce que je sache!

Ministre des Transports, pragmatique — Des surplus destinés au remplacement du véhicule, ne l'oublions pas!

Ministre de la Famille — Pour l'instant, le véhicule, bien qu'âgé, n'a éprouvé que très peu de problèmes de santé.

Ministre des Transports, réaliste — Ça ne saurait tarder...

Ministre de l'Environnement, rationnel — La diminution de son utilisation allongera sa durée de vie, sans compter qu'on générera moins de gaz à effet de serre! D'ailleurs, mon collège des Finances sera certainement sensible aux économies de carburant ainsi effectuées.

Ministre de la Santé — J'aimerais revenir sur la question du stress. Il est vrai que l'indépendance aura un impact négatif à ce chapitre, mais on ne peut affirmer que cela sera pire que le statu quo. Des signes d'essoufflement se manifestent depuis plusieurs mois déjà. En plus, le temps épargné en travaillant de la maison pourra être réinvesti en prévention avec une inscription à un cours de yoga par exemple!

Ministre de l'Éducation — Je veux bien, mais je réclame du temps pour l'instruction, un domaine trop souvent négligé ces dernières années!

Ministre de la Culture — Moi aussi, j'ai été négligé!

Ministre du Travail, rabat-joie — Oui bon, il faudrait quand même qu'il reste du temps pour le boulot.

Ministre du Revenu, inquiet — Ça nous prend un revenu assez important si on veut investir en prévention, en éducation et en culture!

Ministre du Travail, confiant — Mais contrairement à plusieurs de nos semblables qui sont toujours en développement, nous bénéficions déjà d'une bonne expertise. Nous devrions arriver à nous en tirer plus facilement.

Chapitre 6

Première ministre, conciliante — Bon, j'ai entendu vos arguments et voilà ce que je vous propose. Nous allons attendre un peu avant de décréter l'indépendance, le temps de mettre encore quelques dollars de côté pour calmer les angoisses des ministres du Revenu et des Finances. Après, nous ferons le grand saut. Il sera toujours temps de trouver un autre emploi si nous ne sommes pas satisfaits de notre statut de travailleur autonome. La séance est levée.

C'était, chers téléspectateurs, le contenu de l'enregistrement du Conseil des ministres. Les réactions suivront tout de suite après la pause.

Chère copine Première Ministre, mon allocution sera brève. En raison de vos compétences, il est évident que votre nouveau statut de travailleuse autonome vous mènera loin, vous et votre équipe. Vos priorités sont claires et vos actions, assurées. Je vous promets mon vote aux prochaines élections!

Julie

Ici aussi, la discussion a eu lieu... Mais la première ministre a utilisé son droit de veto et décidé de passer à l'action: l'indépendance aura lieu en septembre et j'ai la foi que les mesures politiques nécessaires seront mises en place pour que tout se passe bien.

Anik

L'opposition a bien réfléchi... et pour la première fois dans l'histoire politique de notre pays, elle n'a rien à dire. Ne s'oppose à rien et trouve ça même ben, ben l'fun!

Catherine

Vivre sa vie, tête première

L'alchimie de ma vie:
de maman à la maison à coach en créativité

Par Manon

Fraîchement sortie de l'université, diplôme en poche, prête à relever de beaux défis et à faire ma place dans le monde des affaires, j'ai frappé un mur. Tout un mur: je n'étais pas heureuse dans le monde du 9 à 5. J'ai tenu bon, croyant un jour trouver l'endroit où je pourrais contribuer à une bonne cause tout en m'épanouissant. Mais ce jour n'est jamais venu. En fait, il a été précédé par ma grosse bedaine.

Le jour où j'ai décidé d'embrasser la profession de maman à la maison, j'ai redécouvert ma passion de vivre. Littéralement. En côtoyant mes enfants chaque jour, en réapprenant à vivre à une cadence plus lente, en ayant la chance de vivre pleinement au rythme des saisons, ma vie s'est façonnée d'une manière qui me ressemble chaque jour davantage.

Je dois par contre vous avouer qu'en quittant le marché du travail, mon esprit rationnel me lançait sans relâche des «Il faut que je produise! Il faut que je sois utile! Il ne faut pas qu'il y ait de trous dans mon CV!» J'ai donc longtemps cumulé les chapeaux de travailleuse autonome et de maman à la maison. J'ai été pigiste, rédactrice en chef, relationniste, graphiste et étourdie. Jusqu'à ce que, épuisée par tout ce cirque, deux enfants et une troisième grossesse en route, je prenne soudain conscience que j'étais en train de perdre de vue mon essence propre. J'avais le tournis. J'ai donc tout laissé tomber pour me concentrer exclusivement à mon métier de maman. Et c'est au moment précis où j'ai lâché complètement prise sur mes craintes de perdre toute ma valeur sur le marché du travail que la magie s'est opérée.

De nulle part a surgi l'envie folle de coudre. Moi qui croyais n'avoir aucun talent manuel, j'ai acheté une vieille Singer pour une bouchée de pain, quelques bouts de tissus mignons et j'ai osé plonger. Par la suite, tout s'est rapidement enchaîné. J'ai décidé d'utiliser mes mots pour relater ma vie de maman en écrivant un blogue, je me suis mise à croquer sur le vif tous les détails de notre quotidien à la maison avec notre appareil-photo, j'ai ressorti mon attirail de peinture acrylique pour l'utiliser enfin, j'ai demandé à ma mère de m'enseigner à tricoter et je me suis amusée à coudre des petits riens pour le plaisir.

Ma vie est devenue plus riche, colorée et palpitante! À un point tel que, quelques mois seulement après ce lâcher-prise important, j'ai décidé de faire le grand saut et d'offrir un premier atelier à propos de la créativité au quotidien. Ce fut une expérience si riche et profonde que j'ai eu l'impression de venir au monde pour une deuxième fois! J'ai donc renouvelé l'expérience plusieurs fois, puis organisé des escapades créatives. La flamme allait toujours en grandissant. J'étais vivante avec un grand V! J'ai donc décidé de retourner aux études et d'obtenir ma certification de coach en créativité. Cette fois-ci, avec ce nouveau diplôme, je savais que je pourrais relever de beaux défis et contribuer à une bonne cause tout en m'épanouissant!

Avec le recul, je sais que tout cela n'aurait été possible si je n'avais pas lâché prise sur mes anciens modèles de productivité, si je ne m'étais pas branchée sur la beauté de mon quotidien et mon esprit créatif. Si je ne m'étais pas donné la permission de m'amuser de façon totalement «non productive», je n'aurais jamais goûté aux fruits de ma créativité. Tout cela partant d'une joyeuse épopée de maman à la maison… Comme quoi notre trésor n'est jamais caché bien loin!

S'exprimer, s'écouter, se laisser le droit et cheminer au-delà de l'enceinte, c'est par là que passe la créativité. Apport quotidien pour le moral. Bravo!

Florence-Élyse

> Changer de modèle, je crois que l'essentiel de ton message réside en ces mots... On nous inculque souvent un modèle standard de vie, mais dans les faits, il y a tant de recettes qui peuvent mieux nous convenir. À nous de choisir les ingrédients qui nous plaisent!
>
> Anik

> Tout s'est enchaîné de façon si spontanée. Tu as créé ton bonheur en faisant confiance à la vie. Moi, ça m'inspire beaucoup...
>
> Julie

> Se mettre au monde plusieurs fois dans sa vie, quel beau cadeau à soi-même!
>
> Catherine

Paix d'esprit
J'ai des ailes

Par Julie

Je m'étais préparée longuement. Pourtant, j'étais très nerveuse. Lorsque je suis entrée dans le bureau de ma patronne, je lui ai sorti tout croche le baratin que j'avais appris par cœur. En gros, ça disait: «J'aime mon travail, mais il me faut passer plus de temps auprès de GrandeSoeur. Est-ce qu'on pourrait envisager d'aménager ma tâche sur quatre jours plutôt que cinq?»

Je pense que j'ai ajouté «SVP». Je me sentais comme une petite fille qui demande la lune et qui espère bien fort qu'on ne la lui refusera pas. J'avais pris le rythme du congé de maternité, si bien qu'après un an, je ne me voyais pas retourner jouer dans le trafic et abattre du boulot comme une déchaînée. Feignant d'être contrariée comme toute bonne patronne, ma supérieure avait

Chapitre 6

finalement accepté. C'est ainsi que je suis entrée dans les rangs des mamans-qui-travaillent-et-qui-ne-supportent-pas-les-réunions-surprises-de-seize-heures.

Pendant douze mois à la maison, j'étais devenue une déesse du changement de couches, de la purée biologique et des siestes d'après-midi pour me remettre des nuits interrompues. Pourtant, il m'a fallu retourner au travail pour apprendre à tourner les coins ronds. L'apprentissage s'est étiré en longueur et il m'a coûté plusieurs cheveux gris. J'ai mis des semaines à m'enlever de la tête que je pouvais encore tout faire comme avant. Pendant des mois, lorsque j'étais à la maison, je pensais à mon travail et lorsque j'étais au bureau, je pensais à ma fille. Cependant, au fil des ans et des grossesses, je suis devenue (si c'est possible!) encore plus efficace.

Chaque automne, j'ai devancé l'heure de mon lever pour m'adapter à notre vie de famille. Fatiguée de m'endormir dans le bus à l'heure de pointe ou de péter ma coche les matins où mes enfants refusaient de mettre leur habit de neige, j'ai fait différents essais pour optimiser notre routine. J'ai tenté de réduire mes temps de transport ou encore de mieux les occuper. J'ai mis au point un système ultra perfectionné de planification de repas que je songe à faire breveter. J'ai laissé tomber mes cours de yoga en me disant qu'il me serait plus facile de faire le plein d'énergie en faisant la position du cadavre dans mon lit plutôt que dans un studio bondé. J'ai accepté de laisser partir mes filles à la garderie avec des trous dans leurs bas, ou pire, coiffées par leur père. À la naissance de Frérot, j'ai même réduit mon temps de travail à 3 jours par semaine. Rien à faire: se lever à 4 h 30, vous connaissez la chanson, ça n'use pas que les souliers!

J'ai tenu le rythme pendant sept ans. C'est peine perdue. J'abandonne.

Je viens de commettre la plus grande «imMÈREfection» qui soit. Je viens de nous offrir un cadeau, à moi et à ma famille: je viens de quitter mon emploi. J'en ai pris un autre, à trois kilomètres de chez moi. Un tout nouveau défi avec une nouvelle équipe. Toujours dans mon domaine et dans le réseau que j'apprécie.

Je ne m'étais pas préparée. C'est sorti tout seul. Lorsque j'ai osé demander à ma nouvelle patronne s'il était envisageable d'aménager ma tâche sur quatre jours plutôt que cinq, elle n'a pas feint d'être contrariée, comme toute bonne gestionnaire. Elle a simplement dit: «C'était le temps ou jamais de le demander!»

J'ai des ailes. Les voyez-vous?

> *Oh que oui, elles sont même phosphorescentes!*
>
> Catherine

> *Oui! Je te prédis un magnifique vol sur les ailes d'Air Julie!*
>
> Nathalie

> *Woohoo! Ça se fête! Bravo! J'adore tes nouvelles ailes!*
>
> Manon

Analyse, logique et réflexion
Comment prédire son avenir?

Par Anik

Je me suis payé récemment une petite visite chez une diseuse de bonne aventure.

Diseuse, mystérieuse — Bonjourrrrr, Anik! Alors, quels sont les secrets que tu souhaites que je te révèle?

Anik, plus pragmatique — Bien, je me pose un certain nombre de questions sur mon avenir...

Diseuse, tentant d'exercer son don de voyance — Tu veux sans doute savoir si tu rencontreras l'homme de ta vie?

Anik, pas très impressionnée — Non, mes questions sont plus terre à terre, mais elles préoccupent la maman que je suis.

Chapitre 6

Diseuse — Ah, tu as des enfants?

Anik, pensant intérieurement qu'elle aurait bien dû le savoir — Oui, trois filles. Et j'avoue qu'avec le travail, les projets, la vie de couple, les loisirs, l'entretien ménager et tout le reste, je trouve mes semaines un peu trop remplies.

Diseuse — Je comprends, mais tu veux savoir quoi, au juste?

Anik, timide — Bien la question va peut-être avoir l'air un peu stupide, mais j'aimerais savoir si je vais un jour réussir à ralentir le rythme, à me calmer et à prendre le temps de respirer?

Diseuse, souriante — Très bien, je comprends ta question. Choisis quatre cartes dans mon paquet de tarot et tends-les-moi.

Anik, concentrée, tend les cartes.

Diseuse, elle aussi très concentrée en retournant une carte — La première carte représente ce que tu vis dans le présent. C'est la carte du Fou (ou le Mat XXII). Présentement, tu te sens un peu comme lui. Tu t'éparpilles dans tous les sens, tu cours et ta concentration n'est pas à son meilleur.

Anik, hochant la tête — Oui, c'est ça, j'ai l'impression d'avoir trop de priorités. Je n'arrive pas à faire le *focus*.

Diseuse, toujours sérieuse et s'emparant de la seconde carte — Celle-ci représente tes pensées. Tu as pigé la carte de l'Ermite (IX). Cela illustre ton côté intellectuel, le fait que tu aimes apprendre, mais aussi, cette carte représente une certaine lenteur. Tu sembles vraiment vouloir ralentir.

Anik, maintenant impressionnée — Tout à fait! Vous avez vu juste.

Diseuse, sérieuse — La troisième carte représente les influences extérieures. Tu as pigé la carte du Monde (XXI). On voit donc qu'autour de toi, ce ne sont pas les projets et les idées qui manquent. Une vaste gamme de possibilités s'offre à toi, tu as le monde à ta portée.

Anik, soupirant — Oui, mais dans un sens, c'est ça le problème. Comment réussir à me limiter et à faire des choix quand tant d'activités intéressantes sont possibles?

Diseuse, compréhensive — Nous allons voir avec ta dernière carte si tu réussiras à trouver cette réponse. Tu as pigé la carte des Amoureux (VI). Hum... Cette carte illustre la dualité. Tu dois faire un choix entre deux choses, deux personnes, deux projets, deux priorités. Bref, tu dois choisir. Tu ne peux pas tout avoir ou tout faire.

Anik, désemparée — Alors, je ne suis pas plus avancée?

Diseuse, autoritaire — Attends! Nous allons calculer la résultante de tes cartes, pour pouvoir comprendre ce que tu feras de tout cela. Voyons voir: 22 + 9 + 21 + 6 = 58. Et 5 + 8 = 13. Treize, c'est la carte de la Mort.

Anik, soudainement inquiète — La mort?

Diseuse, rassurante — Ne t'en fais pas, c'est une très belle carte. Elle indique tout simplement une transformation. La fin d'une étape ou de quelque chose. Dans ton cas, cette réponse m'apparaît positive. Je crois qu'après avoir tergiversé sur tes priorités et sur le fait d'aller rapidement ou plus lentement, tu finiras par faire le bon choix et arriver au calme et au ralentissement que tu souhaites. L'Anik stressée et rapide mourra en quelque sorte et fera la place à une Anik plus posée, plus calme et plus apte à profiter du moment présent.

Anik, soudainement soulagée — Je comprends. Wow, je suis soulagée de l'apprendre, moi qui croyais que le calme et un rythme plus tranquille étaient hors de ma portée...

Diseuse, philosophe — Aie confiance, la sagesse vient avec l'âge et si tu souhaites vraiment ralentir, tu trouveras les ressources en toi pour te satisfaire de ce que tu as sans avoir besoin de courir pour atteindre autre chose.

Anik, confiante — Faire confiance, avoir foi en moi... C'est vrai. Après tout, si je souhaite ralentir, pourquoi n'en serais-je pas capable?

Elle pose beaucoup de questions, ta voyante, elle n'est pas supposée deviner? Tu l'as aidée pas mal, tu devrais demander un rabais la prochaine fois!

Nathalie

Quelquefois, on a besoin qu'une tierce personne nous dise ce qu'on sait déjà. Ta voyante a rempli ce rôle à merveille en répétant tout ce que tu venais de lui dire!

Catherine

J'ai déjà lu quelque part que l'avenir n'est pas ce que nous vivrons demain, mais plutôt les choix que nous faisons aujourd'hui. Les réponses à tes questions sont importantes.

Julie

Changer de chapeau
Une nouvelle époque qui commence

Par Manon

Je suis en pleine transition. Je suis à l'aube de mettre de côté mon statut de maman à la maison. En fait, mon statut est en pleine transformation vers une espèce d'entrepreneur-maman-dont-le-camp-de-base-est-à-la-maison. Dans quelques mois, j'aurai maintenant deux enfants au primaire et une petite dernière qui ira jouer avec ses amies et la belle madame Julie à la garderie.

Ce qui peut paraître tout à fait évident pour bien des gens ne l'est pas nécessairement pour moi. Cette nouvelle étape en est une vraiment importante pour mon cœur en feutrine maternelle.

Depuis bientôt huit ans, mon quotidien et mes activités professionnelles se font au rythme de ma maisonnée. Depuis bientôt huit ans, j'ai des petits lutins qui dorment dans le silence de mon camp de base. Je suis habituée à ne pas faire de bruit en après-midi. Même que ça me remplit de bonheur de les savoir sous le même toit que moi, dans cette douce tranquillité. Avec le temps, j'ai appris à travailler rapidement durant les siestes et à enfiler une bonne dose de travail le soir venu.

Depuis bientôt huit ans, mes matinées se déroulent au rythme de vie des enfants et de tout ce qui en découle. Et malgré le fait que travailler, démarrer une entreprise et développer des projets professionnels tout en ayant le superbe chapeau de maman à la maison n'est pas chose facile, je suis dans ma zone de confort et en terrain connu.

Je suis en pleine transition. Je suis à l'aube de mettre de côté mon statut de maman à la maison. Et j'ai un peu la trouille. Peur de ne plus être bien dans mon espace soudainement vide. Vais-je pouvoir soutenir ce silence? Vais-je tourner en rond alors que j'ai mille et une choses à faire? Cette grande page de notre histoire qui s'apprête à se tourner me fait monter les larmes aux yeux. J'ai le cœur serré à l'idée de quitter l'univers de la petite enfance. Je me surprends même à souhaiter secrètement un quatrième enfant rien que pour pouvoir m'en délecter égoïstement. Je donnerais tout pour revenir en arrière et revivre chaque seconde passée depuis mon premier test de grossesse! Rien qu'à y penser, mon cœur est sur le point d'exploser.

Et pourtant. Il y a de l'autre côté toute cette belle lumière de ma nouvelle vie professionnelle et de tous mes merveilleux projets et associations qui m'appellent et m'invitent à danser! Il y a cette puissante envie d'aller au bout de ce que j'ai envie de créer, de partager, d'aider et de faire connaître. Il y a cet espace autour de moi qui s'agrandit pour me laisser plus de place pour développer mes idées. Il y a une perspective plus grande de temps pour réfléchir et accomplir un travail que j'adore... Même si j'ai encore l'odeur de mes bébés solidement imprégnée en moi et même si je ne veux pas la laisser partir.

Chapitre 6

J'ai le cœur chiffonné en ce moment. Un pied dans cette merveilleuse aventure de maman à la maison et l'autre dans la fabuleuse épopée d'entrepreneure passionnée. Je suis définitivement en pleine transition... Laissez-moi un peu de temps et je pourrai déployer mes ailes, le cœur léger.

Les transitions, les grandes mouvances... c'est ce qui rend la vie plus excitante, non?

Anik

Et tu voleras vers de nouveaux horizons avec un bagage unique!

Nathalie

J'étais terrifiée à l'idée de quitter le confort de mon congé de maternité pour retourner travailler. J'étais pourtant prête, mais tourner la page me mettait dans tous mes états.

Julie

Les deux sont complémentaires, mais comme tu le dis si bien, il faut un peu de temps pour s'ajuster et trouver un équilibre entre le bonheur d'être une maman et celui d'être une entrepreneure. En attendant, fonce!

Catherine

Mains

Chapitre 7
La vie de couple après bébé

Main, n. f. (latin *manus*). Organe de la préhension et de la sensibilité habituellement muni de cinq doigts, elle vient généralement en paire. Malgré tout, les mains ont parfois besoin d'un coup de pouce.

Chez la femme, il s'agit d'un organe doté d'une palette d'actions très large (consoler, nourrir, cajoler, habiller, faire des casse-tête...). Elle apprécie généralement quand l'homme met la main à la pâte.

Certaines personnes arriveraient à lire dans les lignes de la main, mais les parents dits «normaux» se contentent de lire *La Presse* (entre deux urgences matinales) et l'histoire du soir. Entre les deux, ils parcourent des livres de recettes ou les communications en provenance de l'école.

Avec la maternité, les mains sont souvent moins utilisées pour caresser le partenaire parce qu'elles sont tout simplement trop pleines. La situation peut toutefois s'améliorer à condition de ne pas baisser les bras.

Chapitre 7

Mains baladeuses
L'amour l'esprit en paix?

Par Nathalie

Conversation avec une copine 3.0 follement amoureuse… et sans enfants.

Copine 3.0 — Le père d'Amoureux dit qu'il faudrait qu'on arrête de pratiquer et qu'on commence à travailler…

Maman 3.0 — Faire le bébé, c'est le plaisir. Le travail, ça vient après… neuf mois plus tard en général. Mais moi, je n'ai plus ce souci-là, mon chum a échangé sa familiale pour une sportive. On pratique juste pour se tenir en forme…

Copine 3.0, sourire en coin — Tu as fait ta part pour repeupler le pays, tu peux bien en profiter maintenant.

Maman 3.0, perplexe — Profiter des enfants, tu veux dire?

Copine 3.0 — Non, en profiter pour faire l'amour sans préoccupations!

Maman 3.0, qui a failli s'étouffer — Sans préoccupations? «Est-ce que c'est le petit que j'entends là? Chut, pas trop de bruit, tu vas les réveiller! Pas sur la table de la cuisine, s'il y en a un qui se lève…» C'est ça que tu appelles sans préoccupations?

Copine 3.0 — Mouais…

Maman 3.0 — Comme tu dis.

Long silence.

Copine 3.0, curieuse — Après toutes ces années, vous avez encore envie de faire ça sur la table de la cuisine?

Maman 3.0 — Es-tu folle? S'il y en a un qui arrive, je risque de le traumatiser. Et dans dix ans, je vais me retrouver avec une adolescente enceinte ou un adolescent drogué. Tout ça par MA faute! Tout ça pour quelques galipettes dans la cuisine!

Copine 3.0 — ...

Maman 3.0 — Et puis la table de la cuisine, c'est aussi à haut risque de se retrouver les fesses dans les graines de biscuits...

Copine 3.0 — Euh...

Maman 3.0 — Profites-en pendant que tu peux pratiquer sans VRAIES préoccupations...

***

Quelques jours plus tard, après avoir digéré l'annonce de ce qui l'attendait, Copine 3.0 y est allée d'une confidence.

Copine 3.0 — T'as raison, il faut se gâter avant d'avoir des enfants.

Maman 3.0 — Et gâterie il y a eu?

Copine 3.0, avec le sourire de la femme comblée — Oui, madame. Gâterie il y a eu!

Maman 3.0, ne voulant pas demeurer en reste — Bien tu sais, moi aussi ça m'a fait réfléchir cette conversation-là. Je me suis dit, ce n'est pas parce qu'on a des enfants qu'il faut faire une croix sur la fantaisie.

Copine 3.0, pleine d'espoir — Ah oui?

Maman 3.0 — Samedi, j'ai laissé les enfants se défouler comme des fous sur la Wii. J'ai aboli la sieste et je leur ai donné la permission d'écouter le hockey jusqu'à la fin de la deuxième période. Ils étaient É-P-U-I-S-É-S. Bon, moi aussi, mais c'était long dodo assuré pour les minis.

Copine 3.0, qui me voit venir — Continue, ça m'intéresse...

Maman 3.0 — Disons qu'on s'est amusés pas mal... et qu'il ne restait pas de miettes de biscuits sur la table de la cuisine.

Chapitre 7

Copine 3.0 — Ouin...

Maman 3.0 — Et il n'y avait pas non plus de graines de maïs soufflé dans le divan. Ni de jouets qui traînaient dans la baignoire.

Copine 3.0 — Coudonc...

Maman 3.0 — Ouais. Et là, au moment où le plaisir allait atteindre son paroxysme... j'ai senti une petite main sur mon bras.

Copine 3.0 — Non!?!

Maman 3.0 — Oui...

***

Mademoiselle 3.2 — Maman!

Maman 3.0 — Quoi?

Mademoiselle 3.2 — C'est le matin, j'ai faim...

***

Maman 3.0 — Non seulement je ne peux plus le faire, mais je ne peux même plus y rêver en paix... Profites-en pendant que tu peux pratiquer sans VRAIES préoccupations!

> *Et tu appelles ça, un rêve? C'est plutôt un cauchemar, ton histoire! Essayez la salle de lavage, les enfants n'y mettent jamais les pieds.* ☺
>
> *Catherine*

> *On appelle ça un rêve 3.0? Confidence: nous avons acheté un bidule qui barre notre porte de chambre. Ça détend un brin.*
>
> *Manon*

On appelle ça un rêve 3 X. ☺

Julie

Moi, j'ai trouvé la technique pour faire l'amour sans préoccupations avec des enfants, mais je ne suis pas certaine que ça te tente: te séparer et ne les avoir qu'une semaine sur deux! Comme ça, le rêve alterne avec la réalité, dans la cuisine ou même ailleurs!

Anik

En claquant des doigts
Pour régler ses soucis en deux temps, trois mouvements

Par Julie

C'est l'heure du souper. GrandeSoeur a mangé en moins de deux. PetiteSoeur a laissé son bol entier sur la table. Frérot regarde attentivement *Bébé Einstein*. Julie et PapaZen en profitent pour un tête-à-tête bien mérité.

PapaZen, utilisant ce moment de silence pour passer à travers son journal — Ouin, je te dis que Foglia y va fort cette semaine. Son texte est délirant…

Julie, choisissant ce moment tranquille pour sonder ses deux ou trois petites angoisses — Moi aussi, j'ai l'impression de délirer, avec toute cette histoire d'ordinateur mort…

PapaZen, faisant un lien comme il peut — Justement, il parle de suicide assisté. C'est touchant. Écoute…

Et PapaZen y allant d'un long extrait à tirer les larmes.

Julie, prenant une bouchée maintenant froide — Quand j'y pense, toutes nos données y étaient! Faudrait qu'on réussisse à émouvoir comme ça notre fabricant et le convaincre de remplacer ce citron! Moi, je connais l'historique des problèmes techniques. Toi, tu es plus habile en argumentation. Qui devrait appeler, tu penses?

PapaZen, changeant de cahier (et de sujet) — C'est le Mondial de soccer en ce moment…

Julie, perdue dans ses pensées — Mmmm…

PapaZen, si emballé qu'il désire à tout prix partager sa découverte — Le journaliste a choisi de parler d'un restaurant de Montréal où se rencontrent les partisans selon leur nationalité. Tu sais, pour l'ambiance…

Julie, restée accrochée sur l'expression «concept l'fun» — Tu sais, je suis déçue. J'aurais aimé ça que ça fonctionne encore cette année pour l'échange de maison. Il me semble que ça nous aurait fait du bien une belle semaine dans une belle maison au bord de la mer. On est dus, il me semble.

PapaZen, ne démordant pas — Et sais-tu pour quelle nationalité le journaliste n'a pas trouvé de restaurant?

Julie, feignant un intérêt certain — Raconte! Ça m'intéresse vachement.

PapaZen, ne saisissant pas l'ironie — La Corée du Sud (ou du Nord, je ne sais plus).

Julie, sautant du coq à l'âne — Je me demande où on a bien pu perdre le carnet de vaccination et la carte d'assurance-maladie de GrandeSoeur. J'ai cherché partout! Nous sommes pathétiques pour ne pas ranger à leur place les choses importantes.

PapaZen, hyper intéressé — J'sais pas… Mais ils viennent de nommer un coach pour l'équipe des… (Désolée, j'ai oublié le nom, parce que trop absorbée par les détails qui suivent. Ils sont tellement précis qu'on jurerait qu'il parle d'un ami d'enfance). Il a trois enfants. Ils déménagent en Floride. Quand les petits ont appris que c'était tout près de Walt Disney, ça a l'air qu'ils étaient bien contents.

Julie, renversée par cette déclaration — Eh ben. C'est pas facile. J'espère qu'ils seront compensés grassement pour tous ces désagréments.

Heureusement pour nous, PetiteSoeur est venue interrompre cette palpitante discussion par sa découverte du jour.

PetiteSoeur, tout «exquitée» — Papa, Maman! Tout à l'heure, j'étais dans notre petite maison de bois. Vous savez ce que j'ai trouvé? Des «poils» d'araignée!

PapaZen, pouffant et sortant de sa torpeur — Il y en avait beaucoup, des toiles?

PetiteSoeur, sautillant d'un pied à l'autre — Non, «ruste» une! Mais elle était géante!!! Je peux avoir mon dessert?

PapaZen, se levant pour desservir et en profitant pour conclure nos propos décousus — Ne t'en fais pas. Je vais appeler chez le fabricant le premier. S'il le faut, tu appelleras au deuxième *round*. Ils ne nous auront pas ces morons-là. Pour les vacances, on a juste à aller en camping en Gaspésie: les filles vont être folles de joie et ça va assouvir notre besoin d'espace. Pour la carte d'assurance-maladie, on va tirer le frigo. Elle est peut-être tombée là. Sinon, bien on va en commander une autre. C'est tout.

Julie, respirant un bon coup — C'est tout? Comment peux-tu, en trois phrases, régler tout ce qui me fatigue depuis trois semaines?

PapaZen, pointant son cerveau — Je n'y peux rien. Je suis exceptionnel!

***

Dans sa tête, tout est si simple. Peu de trucs le tracassent et il arrive à faire le vide chaque jour. Le monde s'arrête quand il parcourt *La Presse* et écoute assidûment *Sport 30*.

Je pense que je vais commencer un gros, un très gros roman.

PapaZen n'a jamais pensé se lancer en politique? Il me semble drôlement efficace pour régler les problèmes, je voterais pour lui.

Nathalie

Je veux bien le même modèle, mais sans l'option: amour du sport!

Catherine

Hi, hi! Une discussion décousue comme chez nous!

Valérie

Vive les hormones mâles qui viennent stabiliser le navire! J'envie parfois la simplicité de leur façon de vivre avec une véritable switch ON/OFF! *soupir*

Manon

Bienvenue dans l'ère des solutions masculines en 140 caractères et moins!

Florence-Élyse

Entre bonnes mains
Physiologie de la psychologie du couple

Par Valérie

Imaginez qu'un soir, histoire de pimenter votre vie de couple, vous lâchiez une petite bombe ~~sexuelle~~: «Je veux qu'on aille chez le psy.»

Il y a de fortes probabilités que votre conjoint vous retourne une ~~virile~~ cinglante riposte: «Pas question!»

Malgré tout, il se peut que vous réussissiez à approfondir la question dans une ~~étreinte passionnée~~ discussion épineuse:

— On ne ~~baise~~ communique plus, ça ne va pas.

— Ben, on parle, là! Il n'y en a pas de problème.

À la suite de nombreux échanges ~~de couples~~ musclés, il est possible que vous décidiez de prendre un rendez-vous pour ~~un trip à trois~~ une consultation.

Dans ce cas, ne vous attendez pas à être à votre aise immédiatement dans le ~~club échangiste~~ cabinet ~~de torture~~ du psychologue. Dès les ~~préliminaires~~ premières rencontres, vous comprendrez que vous étiez dans un équilibre ~~tantrique~~ précaire depuis un certain temps. Comme bien d'autres couples dans la même ~~position~~ situation, vous vous êtes laissés tranquillement aspirer par la frénésie de vos ~~ébats~~ occupations, et vous avez perdu vos repères communs.

La prise ~~en levrette~~ de conscience du problème ~~érectile~~ est un premier pas vers sa solution. Quand vous aurez mis le doigt sur le ~~point G~~ bobo, il vous faudra sans doute abandonner certaines ~~activités solitaires~~ habitudes, afin de permettre au couple de retrouver son terrain de jeux ~~interdits~~.

Dans notre cas, le canal ~~déférent~~ des communications était pratiquement bouché. Nous n'étions même plus au point d'avoir besoin de tête-à-tête romantiques. Il nous fallait seulement des rencontres ~~libertines~~ journalières très terre-à-terre pour ~~monter au septième ciel~~ parler de l'ordinaire. Un moment ~~intime~~ pour dire: «J'ai un rendez-vous chez le dentiste demain soir» ou «Je vais avoir besoin de la voiture mercredi pour aller travailler». Un temps pour échanger sans être enterrés par le brouhaha des enfants, la récitation des mots de vocabulaire ou les éclaboussures des petits dauphins en devenir dans le bain ~~de minuit~~. Ça paraît bête ~~de sexe~~ à dire comme ça, mais on était tellement accaparés par le ~~bain~~ tourbillon que la moindre demande ~~coquine~~ de l'autre, lancée au mauvais moment, faisait figure d'agression. Quand on essaie de trouver de l'air pour calmer une ~~excitation~~ exaspération passagère, pas besoin qu'il s'en ajoute beaucoup pour qu'on se sente complètement étouffé.

Chapitre 7

Il fallait donc se trouver un moment pour nous. Quand? Pas le matin; avec le déjeuner ~~au lit~~ à servir, les lunchs à préparer et les bas ~~de soie~~ orphelins à démêler, c'était impensable. Juste pendant le dodo des enfants? Pas fameux non plus, car on a juste envie de s'enfermer pour au moins une heure dans une bulle étanche pour décompresser. Le soir, avant de se coucher? Pas idéal non plus, étant donné que nous ne sommes pas sur le même horaire.

Pour nous, le bon moment, c'est juste après souper, avant les devoirs ~~conjugaux~~, pendant que les enfants écoutent *Kaboum*. On a 30 minutes de paix, et on en profite pour se mettre ~~à poil~~ à jour devant une tasse de thé vert, histoire de se garder en santé en même temps.

Comme ça va beaucoup mieux, je vous dirais que tous les problèmes de couple ne sont pas insurmontables. En tout cas, nous, depuis qu'on est allés chez le psy, on prend notre ~~pied~~ thé!

> *Qui a barré les mots les plus intéressants dans le texte. Toi ou ton conjoint?* ☺
>
> *Catherine*

> *J'aurais bien ajouté un commentaire ~~coquin~~, mais je suis en panne ~~de désir~~ d'inspiration.* 😈
>
> *Nathalie*

> *Vive le sexe ~~quotidien en famille~~! (Oups! Je me suis trompée dans la rature des mots.)*
>
> *Manon*

> *Dans les nouvelles tendances chez le couple, les avocats, c'est out, les thérapeutes c'est in!*
>
> *Florence-Élyse*

S'en mordre les doigts
Vie de couple et famille: mon mea culpa

Par Anik

26 décembre 2010, 9 h 40

Je suis assise devant mon écran. Je sirote un café. Je suis seule, ce que je préfère aux foules du *Boxing Day*. Pas d'enfants, pas d'amant, pas de mari, pas d'amoureux, pas peignée (euh, je m'éloigne du sujet)... Pour ajouter à l'apparent pathétisme de la situation, après quelques mois de célibat, je termine tout juste mon inscription sur Réseau Contact.

Je pourrais être remplie d'amertume et me dire que la vie de couple, c'est de la merde. Que l'amour, c'est de la *mArde* avec un grand A... Mais non! Je suis une perpétuelle optimiste, une indéfectible romantique. «J'y crois encore», comme chanterait Lara Fabian. Pour paraphraser notre Céline nationale, «s'il suffisait qu'on s'aime», ce serait si simple.

Mais ça en prend plus que cela, j'en ai la conviction. J'ai fait maintes erreurs avec le père de mes filles. Des bourdes monumentales. Fatales. L'amour n'a pas suffi, l'amour est parti. Je m'en confesse.

Mea Culpa — J'ai oublié les «guilis-guilis»

La sexualité constitue un incontournable dans la vie de couple. Pourtant, le soir venu, avec les nuits entrecoupées, les journées trop remplies, j'ai trouvé la télévision plus attirante que mon conjoint. J'ai voulu aller au lit pour réaliser des fantasmes qui tournaient autour du sommeil plutôt qu'autour de mon partenaire de vie d'alors. J'ai prôné la modération alors qu'elle n'avait pas meilleur goût. Je réalise aujourd'hui que plus on fait l'amour, plus on en a envie!

Chapitre 7

Mea Culpa — Je me sentais comme la chienne à Jacques

Accoucher et allaiter, ce n'est pas jojo pour l'estime de soi. Je me suis regardée dans le miroir, nostalgique, en entendant Aznavour fredonner «Tu t'laisses aller»... Comment avoir envie de rapprochements dans cette situation? J'ai mis de côté les gâteries tels une petite robe seyante, une visite chez mon coiffeur, un abonnement au gym, une thérapie gratuite de «t'es bonne, t'es belle, t'es capable» menée par ma meilleure amie. Je constate aujourd'hui qu'il était nécessaire de reprendre confiance en moi et de me sentir femme, sexy. Talons aiguilles bienvenus dans le portrait!

Mea culpa — Je ne suis pas sortie...

Je suis casanière. Avec les enfants, c'était devenu encore pire. Mon ex et moi n'avons pas respecté notre entente de les faire garder au moins une fois par mois. Nous sortions chacun notre tour pour faire du sport et voir nos amis. Et tout ce que l'on faisait ensemble, c'était écouter des séries américaines. Résultat: de moins en moins d'intérêts communs et un éloignement imperceptible dans le quotidien, mais bien réel sur le long terme. Je comprends aujourd'hui que l'argent investi en sortie revient moins cher qu'un psy ou que l'avocat du divorce, après tout!

Mea Culpa — Je suis devenue un meuble!

Tout le monde le dit, les petites attentions sont importantes dans un couple. Mais quand viennent les enfants, la tendance naturelle de l'humain fait en sorte qu'on oublie notre conjoint. J'ai oublié de mettre en priorité les délicatesses à l'égard de mon amoureux (et lui aussi). Je prends conscience aujourd'hui que ça ne prend pas de temps, mais que ça rapporte beaucoup: un sourire, une caresse, un baiser, un petit courriel, un coucou téléphonique, un compliment ou un merci sincère.

Mea Culpa — J'ai trop attendu!

Dans le tourbillon du quotidien, je me suis dit que je m'occuperais plus tard de ma vie de couple. Qu'il serait temps quand je dormirais mieux, quand j'aurais un meilleur salaire pour me payer des sorties, quand les enfants seraient assez grands pour se faire garder par la petite voisine, quand j'aurais retrouvé ma taille de guêpe, quand la période des impôts serait révolue, quand la saison d'*Occupation double* serait terminée…

Je réalise MAINTENANT qu'il est toujours temps de s'occuper de son couple. Tant mieux pour mon nouvel amoureux!

J'adore ça. Au diable les obligations, le téléphone qui sonne, le chien qui jappe dehors, la laveuse qui spin de travers et le voisin qui frappe à la porte. Vive la spontanéité et les portes qui se barrent!

Florence-Élyse

Je vous laisse, j'ai une douche à prendre, un string à enfiler, un resto à réserver, des mots d'amour à murmurer, un cours de danse-poteau à trouver, un pot de vitamines à avaler! Bref, un couple à sauver!

Catherine

Bon, maintenant que mes excuses sont démasquées, je vais devoir m'inscrire au cours de danse-poteau avec Catherine!

Manon

Oui, mais on peut se permettre un peu de patience, au début surtout. Quand tu as un bébé au sein une heure sur deux, c'est normal de ne pas avoir envie que le papa y soit aussi la petite heure qui reste. Il faut bien avoir le temps de se laver pour ne pas se sentir comme la chienne à Jacques! ☺

Nathalie

Chapitre 7

Dans les bras de Morphée
L'heure des devoirs

Par Valérie

Maman — Les filles, c'est l'heure de se coucher. Ça fait comme dix fois que je le répète!

Souriceau — Mais, Maman! On travaille! J'aide Douce à faire ses devoirs.

(Pour votre information, Douce a quatre ans et n'a pas de devoir, et cette discussion se passe un vendredi soir.)

Douce — Ouin! Il faut que je fasse mes devoirs!

Maman — Non, non, non. Pas de devoirs qui tiennent, c'est l'heure d'aller au lit.

Souriceau — Oh, mais pourquoi?

Maman — Parce que JE suis fatiguée, et que JE veux aller me coucher!

Douce — Tu peux aller te coucher, on ne fera pas de bruit.

Maman — Non, non, non! Je me couche après vous!

Souriceau — Pourquoi?

Maman — Parce que c'est de même, bon. Pis, go, go, allez finir vos devoirs dans votre lit!

Papa, qui passait par là — Qui a parlé d'aller faire ses devoirs dans son lit?

Maman — Oublie tes sous-entendus, mon seul devoir ce soir, c'est de dormir le plus vite possible.

L'Ingénieur, qui passait par là lui aussi (la maison n'est pas très grande) — Ouin. Tu devrais aller te coucher parce que t'es vraiment pas de bonne humeur quand t'es fatiguée...

Maman — Toi, mon ami, tu viens de me faire penser qu'on n'a pas terminé les trois phrases de ton devoir d'hier. On pourrait s'y mettre tout de suite...

L'Ingénieur — Heu, non, merci. Je vais aller lire dans mon lit, je dois ABSOLUMENT terminer *Le Seigneur des anneaux* cette semaine.

Maman — Bonne idée; mais ne lis pas trop tard, hein, parce que sinon, gare au résumé que je vais te demander d'écrire!

Peu à peu, la maison se calme, et Maman peut enfin penser à combler sa carence en sommeil des derniers jours.

Maman se glisse sous les couvertures en frissonnant de fatigue, relève la douillette jusqu'à ses oreilles, commence à se détendre un peu en étirant les jambes quand...

SLURPPPP! Sensation d'une grosse langue râpeuse sur les orteils.

«HAAAAAAAAAA! Quessé ça?!!!»

Maman bondit hors du lit, juste avant de voir le chien se pointer le museau d'en dessous des draps.

Maman — Yves, viens voir! Y a toujours ben des limites à ne pas élever un chien. Demain, je l'inscris à l'école de dressage, et je te garantis qu'elle va s'appliquer dans ses exercices!

Après que Papa eut beaucoup ri de l'incident, en grondant néanmoins le chien pour la forme, Maman s'est recouchée et a fait de l'insomnie jusqu'à tard dans la nuit, au point de déranger Papa qui dort toujours facilement.

Papa, un brin sournois — Tu sais, tantôt quand t'as parlé de devoirs dans le lit... Je connais des exercices qui aident vraiment à s'endormir...

Maman, obtuse — Je ne veux plus entendre parler de devoirs!

Papa, déterminé — Je ne veux pas avoir l'air d'insister, mais me semble qu'on serait dû pour une petite révision.

> Une belle et drôle tranche de vie, comme je les aime!
>
> Catherine

> Une période de jeux libres, alors?
>
> Nathalie

> Ah! Manque de sommeil, quand tu nous tiens! ☺
>
> Manon

> Oh là, là! Mais quel bon moyen pour faire du samedi matin une fête devant la télé avec des céréales pendant que papa et maman font de la révision! À condition de laisser le chien dehors! ☺
>
> Florence-Élyse

Donner sa main
Couple un jour, couple toujours?

Par Catherine

Elle est allongée dans son lit. Je viens tout juste de la changer. Calme et détendue, elle est prête à suivre le chemin des rêves. Nos regards se croisent pendant qu'elle mâchouille son hochet de dentition. Elle me sourit... en bavant. Ses petites dents commencent à la travailler. Je la laisse me dévisager. Longtemps, comme seuls les bébés savent si bien le faire. À cet instant précis, je réalise que cette petite coquine ne va pas en rester là. Comme les autres, elle va continuer de se transformer. Quitter son enveloppe de bébé, devenir un joli bambin, puis une espiègle petite fille pour finir sur une touche d'insolente adolescente. Ainsi va la vie.

Mains

Les enfants grandissent. Les mamans vieillissent…

Alors, je croque cette seconde pour la graver dans ma mémoire sans aucune nostalgie de ma part. Plutôt de la reconnaissance. Cela fait trois fois que je passe par ce chemin-là et je sais aujourd'hui qu'il passe vite. Trop vite. Alors, j'en profite. C'est mon dernier bébé. Il n'y en aura pas d'autres, même si je sais que j'aurais de l'amour pour 5, 10 ou 15 autres enfants. J'ai besoin d'équilibrer ma vie. D'avoir du temps pour moi et pour mon couple. Besoin que mon homme me regarde encore comme la femme de sa vie et pas seulement comme la mère de ses enfants. Quand j'aurai fini de sécher les larmes de mes petits, de les rassurer, de les encourager, de les aider à choisir le bon chemin. Quand mes enfants auront fini de grandir et deviendront maîtres de leur propre vie, qui sera à mes côtés? Le père de mes enfants ou l'homme de ma vie? Celui qui a fait de moi une mère ou celui qui me fait sentir femme?

Les enfants grandissent. Les couples résistent.

Quoi que je fasse, je resterai leur mère à jamais. Et lui leur père. Serons-nous encore un couple? Quand la porte se refermera sur le dernier de mes enfants, je compte bien ne pas refermer ma main dans le vide. La seule façon d'y parvenir est de ne pas se perdre de vue. Alors, on a parsemé notre quotidien de quelques oasis. Un petit tour à vélo juste à deux, des envies de projets discutés autour d'un petit plat, un petit mot par-ci, un coup de téléphone par-là, un baiser volé, un éclat de rire partagé, le souvenir d'un voyage… une petite vite dans la salle de lavage! Quelques minutes suffisent pour rester en vie dans le regard de l'autre. Évidemment, avec les nuits trop courtes en ce moment, on parle plutôt de secondes, mais d'ici quelques mois, elles se transformeront vite en minutes, en heures, en jour puis en semaines. C'est une question de temps.

Je me penche sur mon bébé pour l'embrasser, et lui murmure doucement à l'oreille: «Bonne nuit, mon cœur. Fais de beaux rêves. J'ai rendez-vous avec ton papa… l'homme de ma vie, celui avec qui je vais piquer un bon petit roupillon… collé-collé!»

Chapitre 7

J'ai beau y réfléchir très fort, je ne me rappelle plus de ce qu'était notre vie avant l'arrivée des enfants. On a vécu ce rêve à deux, et je n'aurais voulu le vivre avec personne d'autre.

Julie

Tu me donnes envie de fredonner «On va s'aimer encore» de Vincent Vallières.

Nathalie

C'est difficile d'oublier de s'occuper des enfants, ils crient et bougent tout le temps. Le couple est un peu plus discret, généralement, mais comme pour les enfants, c'est quand il ne fait plus de bruit qu'il faut le plus s'inquiéter.

Valérie

Ah, Catherine, ce doux billet me rappelle de si doux et bons souvenirs! Entourer nos enfants de tendresse, de présence tout en conservant ces rendez-vous avec notre tendre moitié, c'est aussi à ça que j'ai dit oui en devenant maman!

Manon

Un jour, j'ai lu qu'un couple était comme un petit compte dans lequel il fallait déposer, chaque jour, des petits points pour lui assurer une survie. Par de simples petits gestes, pour l'autre, et c'est gratuit! En plus, ça nous garde au chaud lors des tempêtes.

Florence-Élyse

Conclusion

Comme vous avez pu le constater, la vie de famille est haute en couleur et compte de nombreuses facettes. Voici un résumé de nos observations.

Nous avons amorcé nos investigations par l'abdomen puisque c'est à cet endroit qu'apparaissent généralement les premiers symptômes. Les participantes à cette étude ont accepté de dévoiler ce qu'elles avaient dans le ventre, sans pudeur. Il faut dire qu'après avoir été examinées par une panoplie de professionnels de la santé, quelques examens de plus n'y changeaient pas grand-chose.

Nous avons découvert qu'en dépit des apparences, tous les utérus avaient repris leur taille originale. De plus, nous avons constaté que les sujets à l'étude ont plutôt bien assimilé ce qui leur était arrivé. Cela dit, même après leur naissance, les enfants continuent d'occasionner quelques crampes. Les désagréments semblent moins importants lors d'une deuxième, d'une troisième ou d'une quatrième naissance.

Notre équipe de chercheuses s'est ensuite penchée sur les pieds. Malgré des premiers pas mal assurés dans la maternité, aucune foulure ou fracture n'a été constatée. Sans surprise, plusieurs patientes ont signalé que certains problèmes leur donnaient l'impression d'avoir un caillou dans leur soulier. Cela s'explique assurément par le processus complexe de conciliation famille-travail, lequel exige des prouesses athlétiques quotidiennes. À force de piétiner, marcher et courir, toutes gardent les pieds sur terre et apprennent à jongler avec les priorités.

Étroitement liées aux pieds, les jambes ont ensuite été soumises à notre examen minutieux. Les jeunes parents sont appelés à rester debout de longues heures et même à faire les cent pas. Leurs jambes sont donc très sollicitées. Bien qu'elles manquent de fermeté à l'occasion, elles ne semblent pas présenter de faiblesses particulières. Faire ses premiers pas comme parent peut être déstabilisant, mais les sujets ont rapidement dû apprendre à courir pour y arriver.

Une observation attentive de la bouche nous a permis de faire une découverte capitale. Le fait de mordre dans la maternité à pleines dents peut entraîner une certaine euphorie. Les sujets ont évoqué un drôle d'arrière-goût qui survenait à l'occasion, mais cela semble passager. D'ailleurs, il n'est pas rare que les femmes aient envie d'y goûter à plusieurs reprises.

C'est à ce moment que nous avons réalisé que nous avions omis d'examiner le cœur. Nous avons ausculté la cage thoracique, opération pendant laquelle les participantes à l'étude ont accepté de se livrer ouvertement. Heureusement, car nous serions passées à côté d'un élément fondamental. Devenir une famille est en premier lieu une histoire sentimentale. Le cœur, cet organe vital, est assailli de nombreuses émotions. Certes, la maternité peut entraîner aussi bien une grande fatigue que des instants de bonheur intense. Certaines patientes ont même démontré un enthousiasme disproportionné dans des circonstances qui apparaissent banales aux personnes non atteintes.

Après le siège des émotions, nous nous sommes tournées vers le siège de la raison: le cerveau. De toute évidence, les sujets sont craintifs de voir explorer leurs processus mentaux. La quantité phénoménale d'informations que nous y avons trouvées (bien classées ou totalement pêle-mêle, selon le cas) nous a grandement surprises. Nous comprenons maintenant pourquoi certains sujets ont évoqué des problèmes d'adaptation momentanés liés à la conciliation famille-travail. Cela dit, nous avons noté que les zones liées à l'ingéniosité et à l'imagination étaient particulièrement développées.

Pour terminer, les sujets ont (enfin!) consenti à laisser tomber ce qu'elles avaient dans les mains pour que nous puissions les examiner. Nous avons voulu savoir si l'utilisation qu'elles en faisaient était différente depuis la grossesse et l'accouchement. Indubitablement, la réponse est positive. Nous avons noté que la proportion de mains baladeuses était significativement moins importante que dans la population en général. Ce changement est aussi présent chez le partenaire. Une seconde étude sur des sujets masculins pourrait certainement nous en apprendre davantage à ce propos.

Toutes ces observations nous amènent à conclure qu'au-delà des difficultés, la vie de famille apporte également des effets bénéfiques aux personnes concernées. D'ailleurs, nos cobayes ont conclu à l'unanimité que la maternité constituait leur plus grande, mais aussi leur plus belle aventure!

Nathalie Côté

Julie Beaupré

Catherine Goldschmidt

Valérie Gonthier-Gignac

Manon Lavoie

Anik Lessard
Florence-Élyse Ouellette

Chaire de recherche du Canada en chirurgie familiale
Centre d'expérimentation humaine
Université de Lavie

Créer
Apprendre
Réussir
Développer